Martin Heidegger zur Einführung

Günter Figal

Martin Heidegger zur Einführung

JUNIUS

Junius Verlag GmbH
Stresemannstraße 375
22761 Hamburg
Im Internet: www.junius-verlag.de

© 1992 by Junius Verlag GmbH
Alle Rechte vorbehalten
Umschlaggestaltung: Florian Zietz
Titelfoto: Keystone Pressedienst, Hamburg
Satz: Druckhaus Dresden GmbH
Druck: Druckhaus Dresden GmbH
Printed in Germany 2003
ISBN 3-88506-381-6
4., verb. Auflage März 2003

Bibliografische Information Der Deutschen Bibliothek
Die Deutsche Bibliothek verzeichnet diese Publikation in der
Deutschen Nationalbibliografie; detaillierte bibliografische Daten
sind im Internet über <http://dnb.ddb.de> abrufbar.

Inhalt

Anhang

1. Einleitung

Das Werk Martin Heideggers ist selten gelassen aufgenommen worden. Es hat Bewunderung ebenso erregt wie – zum Teil erbitterte – Kritik. Dabei hat sich die Kritik nicht zuletzt immer wieder an Heideggers Engagement für den Nationalsozialismus im Jahr 1933 entzündet; es ist oft genug versucht worden, seine Philosophie dem »Faschismus« zuzuschlagen und derart ein für allemal Abstand zu ihr zu gewinnen. Man wollte Heidegger los sein oder sich bestenfalls moralisch über ihn empören. Doch der Versuch ist zum Scheitern verurteilt. Es läßt sich nicht bestreiten, daß die Philosophie des 20. Jahrhunderts ohne Heidegger anders aussähe. Ohne ihn wäre der Existentialismus Jean-Paul Sartres ebensowenig möglich gewesen wie die Ethik von Emmanuel Lévinas; Hans-Georg Gadamer hätte seine philosophische Hermeneutik ohne Heidegger nicht entwickelt, Michel Foucault ohne die Anregung durch Heidegger anderes geschrieben, und Jacques Derridas Dekonstruktivismus wäre ohne die Auseinandersetzung mit Heidegger nicht entstanden. Nach Heidegger läßt sich die europäische Philosophie des 20. Jahrhunderts nicht ohne Heidegger verstehen.

Aber mehr noch, als einziger Philosoph des 20. Jahrhunderts hat Heidegger eine neue Sicht auf die Geschichte der Philosophie im ganzen eröffnet: Es ist Heidegger zu verdanken, daß klassische Autoren wie Platon und Aristoteles, Kant oder Hegel neu gelesen werden können – und neu gelesen werden müssen. Die Fragmente von Parmenides und Heraklit wären ohne ihn wahrscheinlich Gegenstände spezialisierter Forschung geblieben. Daß man Nietzsche als Philosophen ernst nimmt, geht auf die Interpretationen Heideggers zurück. Auch Kierkegaard oder Dilthey hätten es ohne Heidegger gewiß schwerer gehabt, in der akademischen Philosophie hoffähig zu werden.

Und schließlich: Heidegger hat in seinen intensiven Interpretationen der philosophischen Tradition sich immer wieder der Frage gestellt, was Philosophie ist und wie man Philosophie überhaupt noch betreiben kann, ohne zum bloßen Verwalter des Überlieferten zu werden. Heidegger hat den geschichtlichen Charakter der Philosophie ernst genommen; es war ihm klar, daß eine Philosophie, die ihre Tradition ignoriert, hinter ihren Möglichkeiten zurückbleibt, allein schon, weil sie dann ihre Eingebundenheit in die Tradition nicht durchschaut. Doch Heidegger hat andererseits immer daran festgehalten, daß Philosophie mehr ist als ihre eigene Geschichte; sie kann es vermeiden, zur historischen Forschung zu werden, indem sie sich einer sachlichen Frage unterstellt. Das ist, dem Selbstverständnis Heideggers nach, die Frage nach dem Sein.

Im allgemeinen weiß man nicht genau, was damit gemeint ist, und es liegt deshalb auch nahe, Heideggers oft rätselhafte Formulierungen als bloßen Wortzauber, als leere Beschwörung abzutun. Um Heidegger zu verstehen, sollte man die »Seinsfrage« erst einmal vergessen. Einen Zugang zu seinem Philosophieren findet man sehr viel leichter, wenn man verfolgt, wie Heidegger seine Gedanken entwickelt. Beginnt man mit seinen ersten eigenständigen Überlegungen, dann kristallisieren sich die zentralen Motive und Gedankenfiguren bald heraus.

Obwohl Heidegger diesen Motiven und Gedankenfiguren durchgängig treu bleibt, bietet sein Werk keine allmählich fortschreitende Entwicklung des bereits früh entworfenen Programms. Es ist vielmehr ein gigantischer Torso; immer wieder setzt er neu an, wechselt seine Begriffe oder, was noch schwieriger zu überschauen ist, verwendet einmal eingeführte Begriffe in neuen Bedeutungen. Seine Schriften und Vorlesungen dokumentieren ein rastloses Experimentieren mit dem eigenen philosophischen Ansatz; in ihnen versucht Heidegger immer neue Darstellungen, immer neue Fassungen seiner Gedanken zu finden. Beim Versuch der Durchführung seines Programms gelangt Heidegger zu Lösungen, die sich nicht mehr aufeinander reduzieren lassen, sondern in ihrer Verschiedenheit und Vorläufigkeit stehenbleiben. Die Titel zweier von ihm selbst zusammengestellter Sammelbände zeigen das an: *Holzwege* und *Wegmarken*.

Wer Heideggers Philosophieren verstehen will, muß sich auf den experimentellen Charakter seines Werkes einlassen. Einen Zugang zu ihm findet man deshalb vor allem an den Brüchen und Bruchstellen. Dort sieht man, mit welcher Konsequenz Heidegger seine Fragestellung verfolgt und zugleich bereit ist, sie anders zu formulieren, wenn sich ein Lösungsversuch als unbefriedigend erwiesen hat.

Wer Heideggers Philosophie verstehen will, kann sich jedoch nicht damit begnügen, Heidegger verstehen zu wollen. Viele, oft die entscheidenden Gedanken Heideggers sind in der Auseinandersetzung mit anderen Philosophien gewonnen und in Textinterpretationen dargestellt. Für die Philosophie Heideggers ist es charakteristisch, daß sie eigene und höchst eigentümliche Verfahren der Textinterpretation entwickelt hat. Eine Einführung in Heidegger kann man nicht geben, ohne auch von Hegel, von Husserl und Dilthey, von Aristoteles und Platon, von Hölderlin und Nietzsche, von Ernst Jünger zu reden. Am wichtigsten dabei sind Aristoteles und Platon. Jeder Versuch, Heidegger ohne die Berücksichtigung der klassischen griechischen Philosophie verstehen zu wollen, ist aussichtslos.

Eine Einführung in Heidegger wird also mehr als nur die Heideggerschen Texte zur Sprache bringen müssen. Andererseits ist sie, wie jede Einführung, ja, wie jede Darstellung eines Gedankenzusammenhangs, notwendigerweise eine perspektivische Verkürzung: Sie muß von bestimmten Vorentscheidungen geleitet sein, um das reiche Feld der Gedanken überhaupt strukturieren zu können. Und sie muß dabei vieles beiseite lassen, was in einer anderen Perspektive der Aufmerksamkeit wert wäre. Heideggers Auseinandersetzung mit der Philosophie seines Lehrers Edmund Husserl wird im folgenden nicht eingehender erörtert werden; seine Kant-Interpretation wird keine Rolle spielen, auch nicht seine Beschäftigung mit Schelling; die intensive Auseinandersetzung mit Nietzsche wird nur am Rande zur Geltung kommen; Heideggers Arbeiten zu Parmenides und Heraklit bleiben ebenso weitgehend ausgeblendet wie die späteren Schriften zu Sprache und Dichtung. Es soll nur darum gehen, die Entstehung von Grundgedanken zu verfolgen und diese in ihrem oft spannungsvollen Zusammenhang verständlich zu machen. Das Bild, das sich dabei ergibt, ist schon komplex genug. Doch einfacher kann es nicht sein, ohne der Philosophie, die es darstellen soll, allzu unähnlich zu werden.

2. Philosophie und Geschichte

Beginn mit Hegel und Kierkegaard

Wäre Heidegger, wie der von ihm geschätzte Heidelberger Philosoph Emil Lask, im Ersten Weltkrieg gefallen, so würde man heute in ihm nur eine Randfigur der philosophischen Debatten sehen, wie sie für die Zeit nach der Jahrhundertwende charakteristisch waren. Seine Dissertation (1913; veröffentlicht 1914), die der Lehre vom Urteil im Psychologismus gewidmet ist, läßt noch keine philosophische Eigenständigkeit erkennen, und auch die Habilitationsschrift zur Kategorien- und Bedeutungslehre des Duns Scotus (1915; veröffentlicht 1916) bleibt – zumindest auf den ersten Blick – eine solide akademische Arbeit ohne eigenständige Akzente. Doch liest man diese Arbeit vor dem Hintergrund von Heideggers späterem Werk und mit der entsprechenden Aufmerksamkeit, lassen sich in ihr bereits die zentralen Motive erkennen: Erfahrung der Geschichte und unverstellte Erfahrung des eigenen Lebens, oder, wie Heidegger später sagen wird: des Daseins. Mit der Wirksamkeit dieser Motive zeichnet sich Heideggers eigenständige Philosophie ab.

Philosoph hatte Heidegger gar nicht werden sollen, sondern Theologe. 1889 im badischen Meßkirch als Sohn eines Mesners geboren und in streng katholischer Umgebung aufgewachsen, war der begabte Schüler zum Priesteramt geradezu bestimmt. Er studiert dann auch Theologie, gibt aber sogleich seinen philosophischen Neigungen nach und gerät an der Freiburger Universität in den Wirkungsbereich der seinerzeit aktuellen philosophischen Diskussionen: Nach eigenem Zeugnis (SD, 81) befaßt er sich schon im ersten Semester (1909/10) mit Husserls *Logischen Untersuchungen;* vor allem durch seinen Lehrer Heinrich Rickert ist er mit den Ansätzen des Neukantianismus vertraut.

In seiner Habilitationsschrift macht Heidegger sich nun die neueren Forschungen zunutze, um die Probleme der mittelalterlichen Kategorien- und Bedeutungslehre schärfer herausarbeiten zu können. Man kann sogar annehmen, daß er durch die Dominanz des sogenannten Kategorienproblems in der ihm zeitgenössischen Philosophie auf den mittelalterlichen Helden seiner Arbeit erst aufmerksam wurde. Für sich genommen wäre das noch nicht besonders originell; schon Hegels *Vorlesungen zur Geschichte der Philosophie* führen vor, wie Texte der Tradition aufgeschlossen werden können, indem man sie in der Perspektive einer gegenwärtigen Terminologie und Problemstellung interpretiert; das Beispiel Hegels ist denn auch für Heidegger verbindlich. Interessant ist der Ansatz von Heideggers Habilitationsschrift jedoch, weil er bereits ganz andere Akzentuierungen der Frage vornimmt, die auch Hegel beschäftigt hatte. Es sind Akzentuierungen der Frage nach dem Verhältnis von Philosophie und Geschichte.

Heidegger läßt die Vorbildfunktion Hegels deutlich werden, indem er seine Habilitationsschrift mit einer ausdrücklichen und emphatischen Berufung auf ihn schließt. Zu dieser Schlußbetrachtung wird er bei der Zusammenfassung seiner Erörterung des Kategorienproblems geführt. »Kategorien« sind die allgemeinen Bestimmungen eines Gegenstandes in seiner Gegenständlichkeit. Die Frage nach der Kategorie als der »allgemeinsten Gegenstandsbestimmtheit« (GA 1, 403) aber läßt sich, wie Heidegger sagt, nur angemessen stellen und ausarbeiten, wenn dabei der wesentlichen Rolle des »Subjekts« Rechnung getragen wird:

»Gegenstand und Gegenständlichkeit haben nur Sinn als solche *für* ein Subjekt.« (GA 1, 403) Subjekte sind wesentlich dadurch charakterisiert, auf Gegenstände »gerichtet« zu sein. Mit diesem Gedanken steht Heidegger ganz unter dem Einfluß der *Logischen Untersuchungen* Husserls. Mit Husserl betont er die intentionale Struktur von Bewußtseinsakten.

Das Subjekt intentionaler Akte aber kann, wie Heidegger kritisch gegen den Neukantianismus und ansatzweise auch schon gegen Husserl geltend macht, nicht nur als »erkenntnistheoretisches Subjekt« (GA 1, 407) gefaßt werden: Die Erkenntnistheorie versucht, die Bezogenheit auf einen Gegenstand zu begreifen, indem sie sie auf »bloße Denkfunktionen« (GA 1, 403) reduziert. Das Erfassen von Gegenständen ist aber immer auch eine »sinnvolle und sinnverwirklichende lebendige Tat« (GA 1, 406), das heißt, was jeweils als Gegenstand des Bewußtseins erfahren wird und wie etwas als Gegenstand erfahren wird, läßt sich nur aus der *Lebensweise* des erkennenden Subjekts verstehen.

Die erkenntnistheoretische Frage nach den Kategorien gehört also in einen größeren Zusammenhang; wer sie angemessen erörtern will, muß reichere als nur erkenntnistheoretische Bestimmungen der Subjektivität annehmen. Diese reicheren Bestimmungen wiederum müssen *geschichtlich* sein, wenn die Lebensweise, in welche eine bestimmte Auffassung der Kategorien gehört, nicht mehr die eigene, sondern eine vergangene ist. Und das Vergangene kann man nicht für sich, von der eigenen Gegenwart absehend betrachten, weil es ja gegenwärtig verstanden wird.

Spätestens mit diesem Gedanken hat Heidegger, die Anregung Husserls aufnehmend, den Zusammenhang von Husserls eigenen philosophischen Arbeiten verlassen: Geschichte war für Husserl kein Thema einer »strengen« Philosophie.[1] Um die neugewonnene Position zu bestimmen, greift Heidegger programmatisch auf Hegels Begriff des Geistes zurück: »*Der lebendige Geist ist als solcher wesensmäßig historischer Geist im weitesten Sinne des Wortes.* Die wahre Weltanschauung ist weit entfernt von bloßer punktueller Existenz einer vom Leben abgelösten Theorie. Der Geist ist nur zu begreifen, wenn die ganze Fülle seiner Leistungen, d.h. *seine Geschichte,* in ihm aufgehoben wird, mit welcher stets wachsenden Fülle in ihrer philosophischen Begriffenheit ein sich fortwährend steigerndes Mittel der lebendigen Begreifung des absoluten Geistes Gottes gegeben ist.« (GA 1, 407 f.)

Das klingt im ersten Moment, als könnte Hegel selbst es geschrieben haben. Denn Hegels Konzeption einer Geschichte der Philosophie ist von der Überzeugung getragen, daß die vergangenen »Taten des Denkens« nicht jenseits der gegenwärtigen Wirklichkeit liegen, sondern diese nur als »Resultat [...] der Arbeit aller vorhergegangenen Generationen des Menschengeschlechts«[2] zu verstehen ist. Die gegenwärtige Philosophie begreift sich deshalb in ihrer Wirklichkeit auch erst dadurch, daß sie ihre eigene Geschichte aufarbeitet und darin selbst geschichtlich ist.

Für Hegel führt diese Einsicht in die Geschichtlichkeit des Philosophierens jedoch nicht zu einer historischen Relativierung der gegenwärtigen Philosophie. Denn gegenwärtig kann man sich des in der Vergangenheit Gedachten nur versichern, gegenwärtig kann man sich als Resultat des Vergangenen nur begreifen, weil es bei den Denkern der Vergangenheit auch bereits um dieselbe Sache gegangen ist. Die Geschichte der Philosophie erhält ihre Kontinuität und Einheit durch das »gemeinschaftliche Unvergängliche«[3], das sich zwar in der Zeit und mit der Zeit herausbildet, aber wesentlich doch eben nicht zeitlich ist. Die vergangenen Taten des Denkens blieben in ihrer Sachlichkeit, in ihrer Wahrheit unbegreiflich, wenn das Denken nicht auch »über seine Zeit wahrhaft hinaus«[4] wäre. Das gegenwärtige Denken ist sogar vollkommen dadurch bestimmt, über seine Zeit und die Zeit überhaupt hinaus zu sein: Sofern im gegenwärtigen Denken alle vergangenen Taten des Geistes begreiflich und damit »aufgehoben« sind, unterliegt das gegenwärtige Denken keiner Bedingtheit und keiner Relativität mehr. Es ist zum »absoluten Selbstbewußtsein«[5] geworden und kann insofern auch als die »Enthüllung Gottes, wie er sich weiß«[6], bezeichnet werden.

Hegels Entwurf einer Geschichte der Philosophie ist zugleich der Entwurf einer Philosophie der philosophischen Geschichte: Die Philosophie ist darin geschichtlich, daß sie sich zu ihrer wirklichen Gestalt erst entwickeln muß und ihre Wirklichkeit erst hat, wenn sie ihre Entwicklung selbst begreift. Doch dieses Begreifen ist über die Zeit hinaus; im Begreifen ihrer Entwicklung erweist die Philosophie zugleich die Ungebundenheit durch die Zeit, und sie erweist die Geschichte in ihrer Wahrheit; es ist die Wahrheit des absoluten Geistes, des Geistes, der sich unbedingt und ohne Verdunkelungen selbst erkennt. Selbst wenn man zögert, Hegels Philosophie theologisch zu nennen, muß man doch zugestehen, daß sich sein Verständnis des philosophischen Denkens ohne Schwierigkeiten in die Sprache einer spekulativen Theologie übersetzen lassen kann.

Vor allem der bei Hegel alles beherrschende Gedanke eines sich vollkommen durchsichtigen Geistes kann einen Anhaltspunkt dafür bieten, sich über die Akzentverschiebungen, die Heidegger in seinen hegelianisierenden Sätzen vornimmt, Klarheit zu verschaffen. Liest man jetzt die Sätze Heideggers noch einmal, so fällt auf, daß in ihnen der Gedanke von der Wirklichkeit des absoluten Geistes im gegenwärtigen Philosophieren zwar aufgenommen, aber doch auch eigentümlich zurückgenommen ist. Heidegger versteht das Gegenwärtige nicht mehr als die Wirklichkeit eines absoluten, sich absolut durchsichtigen Geistes, sondern spricht von einem »sich fortwährend steigernden Mittel der lebendigen Begreifung des absoluten Geistes Gottes« (GA 1, 408): Im Begreifen der Geschichte der Philosophie liegt nicht die Wirklichkeit des Absoluten, sondern nur eine sich steigernde Annäherung an das Absolute. Die geschichtliche Entwicklung des Geistes ist eine »stets wachsende Fülle«, und damit ist die Gegenwart nicht mehr ihr Ziel, ihre Vollendung. Heideggers Verzicht auf eine Übersetzung der Philosophie in spekulative Theologie verändert das Verständnis von Philosophie ebenso wie das der philosophischen Geschichte.

Es ist eine Veränderung zugunsten des Besonderen und Individuellen: Die Lebendigkeit des philosophischen Betrachtens und Begreifens ist für Heidegger nicht mehr von der Art eines absolut durchsichtigen Selbstbewußtseins, sondern sie hat den Charakter der zeitlichen Einzigkeit und Individualität; es ist immer das jeweilige, jetzt gegenwärtige Denken, dem es aufgegeben ist, die Geschichte zu begreifen. Während für Hegel der »Standpunkt des Individuums« dadurch gekennzeichnet ist, daß die Individuen »innerhalb des Ganzen [...] wie Blinde«[7] seien, bestimmt Heidegger die »Grundstruktur« des »lebendigen Geistes«, indem er sagt, in ihr seien »Einzigkeit, Individualität der *Akte* mit der Allgemeingültigkeit, dem Ansichbestehen des *Sinnes* zur lebendigen Einheit zusammengeschlossen« (GA 1, 410). Das wirkliche Denken und Erleben ist immer einzig und individuell in seinen Vollzügen oder »Akten«; und wenn der »Sinn« dieser Vollzüge allgemeingültig ist, so handelt es sich doch immer um die Allgemeingültigkeit des jeweiligen Einzelnen und Individuellen. Der Sinn des individuellen Lebens ist für Heidegger hier noch das Absolute, Gott. Trotz seiner Allgemeingültigkeit ist das Absolute nur individuell zugänglich – und nicht in einem überindividuellen spekulativen Denken. Die Erfahrung des Absoluten, von der Heidegger als einer Annäherung spricht, »ruht im Individuum« (GA 1, 409).

Mit der Individualisierung der Gotteserfahrung, der Erfahrung des Absoluten, ist Martin Heidegger dem vielleicht radikalsten Kritiker Hegels verpflichtet: dem religiösen Schriftsteller Sören Kierkegaard. Noch seine Vorlesung im Wintersemester 1921/22 eröffnet Heidegger mit einem Zitat aus Kierkegaards *Einübung im Christentum,* das er selbst als »dankbare Anzeige der Quelle« (GA 61, 182) bezeichnet. Doch Heidegger will Kierkegaards Insistenz auf der Individualität des Glaubens mit dem Hegelschen Programm einer geschichtlichen Philosophie verbinden: Er will an Hegel anschließen, indem er sich der Aufgabe einer philosophischen Geschichte der Philosophie stellt, die ganz der Erfahrung des Absoluten unterstellt ist; und er will diese philosophische Geschichte der Philosophie entwickeln, indem er sich am Gedanken Kierkegaards von der Individualität religiöser und speziell christlicher Erfahrung orientiert. Wenn Heidegger sich in den letzten Sätzen seiner Habilitationsschrift auf das Programm einer »Philosophie des lebendigen Geistes, der tatvollen Liebe, der verehrenden Gottinnigkeit« (GA 1, 410) verpflichtet, so spricht daraus die Stimme Kierkegaards ebenso wie diejenige Hegels.

Auf die Frage, wie die beiden Stimmen miteinander zum Tragen kommen sollen, gibt Heidegger in seiner Habilitationsschrift keine eindeutige Antwort. Aus den noch recht schwach gezeichneten Linien seines Entwurfs läßt sie sich aber wenigstens erschließen. Man muß sich nur an Heideggers Gedanken erinnern, dem zufolge die »wachsende Fülle« des geschichtlichen Geistes eine Annäherung an den absoluten Geist Gottes bedeuten soll, und dies mit dem Gedanken Kierkegaards verbinden, daß die Philosophie auf die eigentliche und allein ernsthafte individuelle Erfahrung des Glaubens immer nur hinweisen kann. Dann ergibt sich der Gedanke einer geschichtlichen Philosophie im Sinne Hegels, die Hinweis auf die eigentliche und existentielle Erfahrung des Glaubens ist; indem die Philosophie geschichtlich verstanden und vollzogen wird, soll der Ort religiöser Erfahrung bestimmt werden.

Was das im einzelnen heißen soll, tritt bei einer Lektüre der Habilitationsschrift hervor. Es ist keine Äußerlichkeit, daß Heidegger sich hier mit der »mittelalterlichen Weltanschauung« (GA 1, 409) beschäftigt. In ihr und dem ihr wesentlichen Gottesbezug sieht Heidegger ein Gegenbild zur eigenen Zeit: Gegen Ende seiner Schrift stellt er »Erlebnismöglichkeit und -fülle«, die »durch die ins Transzendente sich erstreckende Dimension des seelischen Lebens bedingt« ist, dem heutigen Leben gegenüber, als dessen Charakteristikum er »inhaltliche flüchtige Breite« geltend macht. Und zur Erläuterung fügt er hinzu: »Bei dieser flächig verlaufenden Lebenshaltung sind die Möglichkeiten einer wachsenden Unsicherheit und völligen Desorientierung weit größer und geradezu grenzenlos, wogegen die Grundgestaltung der Lebensform des mittelalterlichen Menschen sich von vornherein gar nicht in der inhaltlichen Breite der sinnlichen Wirklichkeit verliert und sich dort verankert, sondern gerade diese selbst als *verankerungsbedürftige* einer transzendenten Zielnotwendigkeit unterordnet.« (GA 1, 409 f.) Das liest sich zunächst wie eine Variante jener konservativen Kulturkritik, die gegen die Dürftigkeit der Gegenwart das Bild eines sinnerfüllten vergangenen Lebens heraufbeschwört. Man scheint in den Überlegungen des jungen Heidegger bereits all jene Momente ausmachen zu können, die man gern in seiner reifen Philosophie findet: Antimodernismus, Zivilisationsfeindlichkeit, Irrationalismus, Vorbehalt gegen die Autonomie eines durch die Aufklärung zur Mündigkeit gebrachten Lebens.

Doch so einfach liegen die Dinge schon beim jungen Heidegger nicht. Er ist sich darüber im klaren, daß die mittelalterliche Weltanschauung kein Vorbild für die heutige Zeit sein kann; immerhin ist diese »Weltanschauung« der Gegenstand einer geschichtlichen Untersuchung, und Heidegger weiß, daß sie deshalb besonderen Zugangsbedingungen unterliegt; er weiß außerdem, daß moderne Denkweisen sich radikal von früheren unterscheiden. Das hält ihn davon ab, einfach nur für eine Wiederbelebung der religiösen Erfahrung zu plädieren. Worauf es ihm ankommt, ist vielmehr eine »eigentliche begriffliche, kulturphilosophische Fundierung« (GA 1, 408) der geschichtlichen Erörterung des Mittelalters, und diese läßt sich nur erlangen, wenn es gelingt, eine der vergangenen Zeit »konforme *Aufgeschlossenheit* einfühlenden Verstehens« (GA 1, 408) auszubilden. Das wiederum wäre unmöglich, wenn die vergangene Zeit sich von der gegenwärtigen vollkommen unterschiede. Zwar ist das »gedankliche Milieu« der Gegenwart ein anderes als das der Vergangenheit; aber ebenso gibt es, mit dem Wort Hegels gesagt, ein »gemeinschaftliches Unvergängliches«, und das ist die »Grundstruktur« des lebendigen Geistes. Doch es ist nun die Grundstruktur geschichtlicher Individualität.

Am mittelalterlichen Helden seiner Arbeit hebt Heidegger denn auch hervor, er habe »eine feine Disposition sicheren Hineinhörens in das unmittelbare Leben der Subjektivität und der ihr immanenten Sinnzusammenhänge, ohne daß ein scharfer Begriff des Subjekts gewonnen ist« (GA 1, 401). Im ersten Moment klingt das wieder nach der Konzeption Hegels: Wenn das gegenwärtige Denken als Resultat des bisherigen zu begreifen ist, dann muß das, was gegenwärtig »scharf begriffen« werden kann, auch früher schon, wie schemenhaft auch immer, im Blick gestanden haben, und es bedarf der Klarheit gegenwärtigen Denkens, dies herauszuarbeiten. Doch wenn Heidegger von der »wachsenden Fülle« des geschichtlichen Geistes spricht, ist für ihn die Gegenwart nicht Ziel und Vollendung des vergangenen Denkens. Das gegenwärtige Denken hat nicht die absolute Durchsichtigkeit eines Selbstbewußtseins, das sich souverän in die religiöse Sprache übersetzen und als Enthüllung des Wissens bezeichnen kann, das Gott von sich hat. An das Absolute kann man sich nur annähern, und dem entspricht es, daß die philosophische Arbeit eine »immer neu einsetzende Bemühung« (GA 1, 196) sein muß – eine Bemühung offenbar, in das »unmittelbare Leben der Subjektivität« hineinzuhören.

Für eine philosophische Bemühung dieser Art sieht Heidegger das »gedankliche Milieu« seiner Gegenwart als besonders günstig an: »Bei dem energischen Problemwillen der gegenwärtigen theoretischen Philosophie und bei ihrer entsprechenden Kraft der Problembewältigung bereichert und vertieft sich zugleich das philosophiegeschichtliche Verstehen, steigert sich aber auch die Dringlichkeit einer Aufgabenbewältigung«, und zwar im Hinblick darauf, »den systematischen Gehalt der mittelalterlichen Scholastik wenigstens in den wichtigsten Problemkreisen flüssig zu machen« (GA 1, 204). Das zielt wieder auf die Bestrebung, hineinzuhören in das unmittelbare Leben der Subjektivität, und wenn Heidegger die Möglichkeiten der Philosophie derart beurteilt, so kann er, bei aller Übereinstimmung mit Kierkegaard, nicht der Überzeugung sein, die Aufgabe der Philosophie bestehe nur darin, sich selbst aufzuheben. Die Philosophie hat für Heidegger nicht, wie für Kierkegaard, eine Leiter zur Einsicht in die Unumgänglichkeit des Glaubens zu sein, eine Leiter, die man umstößt, wenn man bereit ist, den Sprung in den Glauben wirklich zu vollziehen. In der philosophischen Arbeit kommt vielmehr jenes individuelle Leben zur Geltung, in dessen Grundstruktur auch, wie Heidegger es herausgearbeitet hat, der Transzendenzbezug des Glaubens liegt. Und in einer Zeit, die nicht mehr die des Glaubens ist, kann jenes individuelle Leben ernsthaft auch gar nicht anders zur Geltung kommen. Das Interesse am Glauben und am Religiösen, verbunden mit der Überzeugung, daß es einen unmittelbaren Zugang zum Glauben nicht mehr gibt, kommt im Interesse an der »Subjektivität« zum Tragen, weil diese sich in der Geschichte glaubend artikulieren konnte. In der philosophischen Erörterung der Philosophiegeschichte zeigt sich Lebensernst und damit eine Einstellung, die vormals die des Glaubens gewesen ist. Die Einstellung des Philosophierens selbst eröffnet einen Zugang zu dem, was sich in der Geschichte anders, nämlich religiös, artikuliert hatte.

Für Heidegger hat sich also das Verhältnis von Philosophie und Geschichte gegenüber der Hegelschen Fassung grundsätzlich verschoben: Im philosophischen Denken artikuliert sich nicht mehr einfach das Allgemeine, so daß alles Besondere und Individuelle in seiner Beschränktheit durchschaut und im schlechterdings Allgemeinen, dem Absoluten, aufgehoben sein kann. Deshalb ist auch für die Übersetzung der Philosophie in spekulative Theologie kein Platz mehr. Im philosophischen Denken artikuliert sich vielmehr das Besondere, und die Klärungsmöglichkeiten der Philosophie sind um so größer, je entschiedener sie ihrer jeweils eigenen Besonderheit inne wird. Diese Besonderheit aber ist immer eine geschichtliche, die Besonderheit einer bestimmten geschichtlichen Situation, und auch die Philosophie ist dann immer nur geschichtlich artikulierbar. Philosophie wird zu einer selbst immer geschichtlichen Klärung der Struktur geschichtlichen Verstehens; Philosophie ist eine Artikulation des besonderen Lebens, dem es um die Aufklärung der allgemeinen Struktur seiner Besonderheit geht.

Gewiß ist Heidegger im Hinblick auf diese Problemstellung vorgearbeitet worden. Was Kierkegaard in der *Krankheit zum Tode* unter dem Begriff »das Selbst« untersucht, ist nichts anderes als die Grundstruktur der Individualität. Und auch die Einsicht, daß geschichtliches Verstehen nicht die Aufhebung des vergangenen Besonderen in die Allgemeinheit eines absoluten Selbstbewußtseins ist, tritt bei Heidegger keineswegs zum ersten Mal hervor. Heidegger hat das gewußt und ausdrücklich zugestanden. In einer Vorlesung aus dem Sommersemester 1919 betont er, es sei die Leistung Wilhelm Diltheys gewesen, für die Betrachtung der Geschichte »die Bedeutung der Auffassung des Singulären zur Geltung zu bringen« (GA 56/57, 164). Und er zitiert kurz darauf einen Satz aus Diltheys *Einleitung in die Geisteswissenschaften* (1883), der inzwischen als programmatische Formulierung von Heideggers Ansatz zu einer philosophischen Geschichte der Philosophie gelesen werden dürfte: »Nur in der Selbstbesinnung finden wir die Lebenseinheit und ihre Continuität in uns, welche alle diese Beziehungen [zu den Formen des geistigen Lebens in der Vergangenheit] trägt und hält.« (GA 56/57, 164) Diese Selbstbesinnung steht für Heidegger jedoch im Zeichen einer Auseinandersetzung mit der Ernsthaftigkeit und Einheitlichkeit eines im Glauben geführten Lebens und ebenso im Zeichen der Einsicht, daß die eigene Zeit keine des Glaubens mehr ist. Aus der Frage nach einer sich geschichtlich artikulierenden Philosophie, die auf die religiöse Erfahrung bezogen bleibt, entspringt also Heideggers philosophische Arbeit.

Rückfrage an Aristoteles

Um zu sehen, wie Heidegger seine Gedankenmotive ausführt und dabei zu einer eigenständigen Fragestellung gelangt, muß man in der Chronologie einen Sprung machen, und zwar ins Jahr 1922. In diesem Jahr entsteht ein programmatischer Text, der den Titel *Phänomenologische Interpretationen zu Aristoteles* trägt und eine Geschichte hat, auf die es sich kurz einzugehen lohnt. Heidegger schrieb ihn, weil er hoffen konnte, entweder nach Marburg oder nach Göttingen auf ein Extraordinariat berufen zu werden. Was die Entscheidung der für die Berufung Verantwortlichen erschwerte, war der Umstand, daß Heidegger seit seiner Habilitationsschrift nichts mehr publiziert hatte. Um dies auszugleichen, verfaßte er die Skizze eines geplanten Buches zu Aristoteles, dessen vorgesehenen Titel die Skizze aufnimmt. Während die Göttinger sich gegen Heidegger entschieden, hatte er in Marburg Erfolg: Im Sommer 1923 wird Heidegger auf das vakante Extraordinariat mit Stellung und Rechten eines Ordinarius berufen und tritt zum Wintersemester 1923/24 seine Marburger Professur an.

Heidegger hat bei der Abfassung des Textes auf einige seiner bis dahin gehaltenen Vorlesungen zurückgegriffen, ist jedoch begrifflich schärfer geworden. Indem er den Gedankenzusammenhang seiner Vorlesungen durchgearbeitet und gestrafft hat, gelingt ihm eine beträchtliche Präzisierung seiner Gedanken. Aber der Text weist nicht nur zurück: Die Gedanken, die hier zusammengefaßt werden, sind nichts weniger als die Keimzelle von *Sein und Zeit.* Bei der Interpretation der Projektskizze wird man also wesentliche Bestimmungen bereits kennenlernen, die dann in den großen systematischen Entwurf übernommen und in ihm reicher entfaltet sind. Andererseits unterscheidet der Ansatz von *Sein und Zeit* sich von dem der Projektskizze beträchtlich; die Eigentümlichkeiten von Heideggers erstem Hauptwerk versteht man deshalb um so besser, je gründlicher man mit der Konzeption vertraut ist, aus der es sich entwickelt hat.

Die Frage, wie Heidegger überhaupt dazu kommen konnte, eine große Arbeit zu Aristoteles in Angriff zu nehmen, ist an der Oberfläche leicht zu beantworten: Dem oft zitierten Bericht Heideggers über seinen »Weg in die Phänomenologie« zufolge war es Franz Brentanos Dissertation *Von der mannigfachen Bedeutung des Seienden bei Aristoteles* (1862), die ihm »als Stab und Stecken« seiner »ersten unbeholfenen Versuche, in die Philosophie einzudringen«, gedient hatte. (SD, 81) Und für den Studenten der katholischen Theologie hat Aristoteles natürlich zusammen mit dem Aristoteliker Thomas von Aquin einen Schwerpunkt seiner Studien bilden müssen. Erst recht dem Erforscher der Kategorien- und Bedeutungslehre des Duns Scotus stand die zentrale Bedeutung der Aristotelischen Philosophie vor Augen. Nun geht es Heidegger darum, hinter die artikulierte Gestalt des scholastischen Denkens zurückzufragen, um sie, wie er das in der Habilitationsschrift noch formuliert hätte, als Artikulation des »lebendigen Geistes« überhaupt erst verständlich zu machen. Die Sätze der Projektskizze dazu lauten:

»Die Gottes-, Trinitäts-, Urstands-, Sünden- und Gnadenlehre der Spätscholastik arbeitet mit den begrifflichen Mitteln, die Thomas von Aquin und Bonaventura der Theologie beigestellt haben. Das besagt aber, die in all diesen theologischen Problembezirken im vorhinein angesetzte Idee des Menschen und des Lebensdaseins gründet in der aristotelischen ›Physik‹, ›Psychologie‹, ›Ethik‹ und ›Ontologie‹, wobei die aristotelischen Grundlehren in bestimmter Auswahl und Auslegung zur Verarbeitung kommen. [...] Die Durchforschung des Mittelalters ist nach den leitenden Hinsichten in dem Schematismus einer neuscholastischen Theologie und in den Rahmen eines neuscholastisch ausgeformten Aristotelismus gespannt. Es gilt zunächst überhaupt, die Wissenschaftsstruktur der mittelalterlichen Theologie, ihre Exegese und Kommentation als bestimmt vermittelte Lebensauslegungen zu verstehen.« (PA, 250)

Anders als in der Habilitationsschrift will Heidegger die »mittelalterliche Weltanschauung« nicht mehr daraufhin untersuchen, wie sich in ihr das »unmittelbare Leben der Subjektivität« ausspricht. Zwar gilt ihm die Spätscholastik, zu der auch der Held der Habilitationsschrift gehört, immer noch als eine »Lebensauslegung«, das heißt hier: als eine Weise des gelebten Lebens, sich in bestimmter Weise zu artikulieren; aber der Akzent liegt nun darauf, daß diese Lebensauslegung »bestimmt vermittelt« ist: Sie entspringt nicht einfach dem Hineinhören in das unmittelbare Leben der Subjektivität, sondern verdankt sich wesentlich einer Tradition. Um die Gebundenheit einer Gestalt des Denkens an eine Tradition durchsichtig zu machen, darf man sich nicht an den für diese Gestalt charakteristischen Denkweisen orientieren, sondern ist genötigt, hinter sie zurückzufragen. Wenn die scholastische Idee des Menschen und des Lebensdaseins in der Philosophie des Aristoteles gründet, dann ist der Rückgang auf Aristoteles erforderlich, um diese Idee zu begreifen.

Wenn aber das mittelalterliche Denken ein durch die Tradition vermitteltes ist, dann liegt es nahe, auch die Artikulation des gegenwärtigen Lebens als eine gebrochene und unauthentische Lebensauslegung aufzufassen. Für Heideggers Projektskizze ist es in der Tat charakteristisch, daß in ihr der Optimismus im Hinblick auf den »energischen Problemwillen der gegenwärtigen theoretischen Philosophie« und eine diesem entsprechende Kraft entschieden zurückgenommen werden. Der »Philosophie der heutigen Situation« ergeht es nicht anders als der des Mittelalters, sofern auch sie sich »zum großen Teil uneigentlich in der *griechischen* Begrifflichkeit« bewegt, »und zwar in einer solchen, die durch eine Kette verschiedenartiger Interpretationen hindurchgegangen ist«. Dabei haben, wie Heidegger nun sagt, die »Grundbegriffe [...] ihre ursprünglichen, auf bestimmt erfahrene Gegenstandsregionen bestimmt zugeschnittenen Ausdrucksfunktionen eingebüßt« (PA, 249). Die Grundbegriffe sind keine unmittelbaren Artikulationen des Lebens in seiner Lebendigkeit mehr; durch ihre Tradierung haben sie sich verselbständigt und führen ein schattenhaftes Eigenleben.

Sieht man es derart, wird man der gegenwärtigen Philosophie auch nicht mehr zutrauen können, die Grundstruktur des Lebens zu erfassen. Und wenn es die »*griechische* Begrifflichkeit« ist, in der sich die heutige Philosophie »uneigentlich« bewegt, dann wird man sich auf keine nachgriechische Konzeption der Philosophie beziehen können, ohne im Schattenreich der überlieferten Begriffe zu verbleiben. Auf dem Stand der Projektskizze ist für Heidegger eine Berufung auf Hegel unmöglich geworden. Vielmehr gilt es nun, die nachgriechische Tradition, der auch die gegenwärtige Philosophie noch zugehört, radikal in Frage zu stellen. Und sofern das die Zuwendung zu Aristoteles erfordert, ist ein gegenwärtiges Philosophieren, das seiner Tradition nicht blind unterliegen will, nur als Aristoteles-Interpretation möglich.

Es versteht sich keineswegs von selbst, daß die Wahl Heideggers auf Aristoteles fällt und nicht – wie dann später – auf Platon. Die Abhängigkeit der Aristotelischen Philosophie von der Platons hätte dies immerhin nahelegen können. Es mag zwar sein, daß Aristoteles »die Vollendung und konkrete Ausformung der vorangegangenen Philosophie« (PA, 251) ist, so daß in seinen Texten das griechische Denken am reichsten artikuliert wird; und ebenso mag es sein, daß Aristoteles »in seiner ›Physik‹ einen prinzipiellen neuen Grundansatz [gewinnt], aus dem seine Ontologie und Logik erwachsen, von denen dann die [...] Geschichte der philosophischen Anthropologie durchsetzt ist« (PA, 251). Aber entscheidend ist, daß Aristoteles mit seinem »prinzipiellen neuen Grundansatz« für Heidegger eine Einsicht in die Grundstruktur des Lebens gewonnen hat. Aristoteles und kein anderer ist für Heidegger der Philosoph, bei dem die zum Erfassen dieser Struktur geeigneten Grundbegriffe ausgebildet sind und bei dem diese auch ihre »auf bestimmt erfahrene Gegenstandsregionen bestimmt zugeschnittenen Ausdrucksfunktionen« noch nicht eingebüßt haben. Aristoteles ist für Heidegger der Philosoph, aus dessen Texten die »Idee des Menschen und des Lebensdaseins« unmittelbar und authentisch hervortritt.

Die Aristotelische Fassung der Idee des Menschen und des Lebensdaseins wird dem Leben in seiner Grundstruktur wirklich gerecht. Das Leben in seiner Grundstruktur findet in den Aristotelischen Bestimmungen und Beschreibungen so, wie es sich von ihm selbst her zeigt, seinen Ausdruck. Was sich von ihm selbst her zeigt, heißt auf griechisch »phainómenon«, und so gesehen ist die Philosophie des Aristoteles »radikale phänomenologische Anthropologie« (PA, 251). Die Aristotelischen Texte sind diejenigen überlieferten Texte der Vergangenheit, in deren Interpretation sich das gegenwärtige Philosophieren selbst als Artikulation des Lebens verstehen kann.

Wenn man das skizzierte Programm genauer bedenkt, bleibt unklar, wie sich für den späteren Leser an den Aristotelischen Texten verstehen läßt, was an ihnen verstanden werden soll. Was es da zu verstehen gibt, die Grundstruktur des Lebens, muß doch eigentlich bereits verstanden sein, damit die Aristotelischen Texte als ihre authentische Bestimmung und Beschreibung gelten können. Wenn die gegenwärtige Philosophie sich wie alle nacharistotelische Tradition im Schattenreich von Begriffen bewegt, die ihre Ausdrucksfunktion eingebüßt haben, ist ein solches Verstehen der Grundstruktur des Lebens jedoch unmöglich – es sei denn, die überlieferten Begriffe haben bei aller Verselbständigung wenigstens einen Hauch von Sachbezogenheit behalten.

Das ist in der Tat Heideggers Überzeugung: Die Grundbegriffe der Philosophie haben zwar ihre ursprünglichen Ausdrucksfunktionen eingebüßt; in ihnen spricht sich das Leben nicht mehr derart aus, daß es unverstellt seine Grundstruktur artikuliert. Doch Heidegger fährt fort: »Bei aller Analogisierung und Formalisierung [...], die sie [die Grundbegriffe] durchgemacht haben, hält sich ein bestimmter Herkunftscharakter durch, sie tragen noch ein Stück echter Tradition ihres ursprünglichen Sinnes bei sich, sofern an ihnen noch die Bedeutungsrichtung auf ihre gegenständliche Quelle nachweisbar wird.« (PA, 249) Die »gegenständliche Quelle«, von der Heidegger hier spricht, ist nicht, wie es zunächst erscheinen kann, das Leben in seiner Grundstruktur selbst. Es ist vielmehr die Artikulation dieser Grundstruktur in den Aristotelischen Schriften. Auf die Philosophie des Aristoteles deuten die späteren Grundbegriffe insofern, als sie aus der Philosophie des Aristoteles *kommen.* Die einzigartige Bedeutung, die Heidegger in seiner Projektskizze Aristoteles zuspricht, hat ihren Grund allein darin, daß die Aristotelische Philosophie der *Anfang* aller späteren Philosophie ist. Am Anfang gibt es noch keine Tradition; die Grundbegriffe einer beginnenden Philosophie können sich noch nicht verselbständigt und ihre Ausdrucksfunktion noch nicht eingebüßt haben. Die Sachlichkeit eines »prinzipiellen neuen Grundansatzes« ist bereits durch seine Anfänglichkeit garantiert. Nur das Anfängliche kann wahrhafter Ausdruck des Lebens selbst und echte Beschreibung seiner Grundstruktur sein.

Dieser Gedanke hat eine entscheidende Konsequenz für die Bestimmung des Verhältnisses von Philosophie und Geschichte: Eine Philosophie, die als Artikulation des Lebens in seiner Grundstruktur verstanden werden soll, ist nur noch als geschichtliche Philosophie möglich. »Philosophische Forschung«, so sagt Heidegger programmatisch, ist »im radikalen Sinne ›historisches‹ Erkennen« (PA, 249), und zwar dann, »wenn sie die Gegenstands- und Seinsart ihres thematischen Worauf« verstanden hat – dieses »thematische Worauf« aber ist das Leben in seiner Grundstruktur.

Das »historische Erkennen«, zu dem die Philosophie gemäß der Heideggerschen Projektskizze wird, ist allerdings in besonderer Weise »historisch«. Es hat mit dem philosophischen Blick in die Vergangenheit, der sich auf jeden beliebigen Gegenstand richten kann, nichts zu tun. Genausowenig ist ein historisches Erkennen dieser Art im Sinne von Hegels *Geschichte der Philosophie* möglich, ja, man kann sogar sagen, daß sich die Heideggersche Konzeption des Verhältnisses von Philosophie und Geschichte jetzt gegenüber dem Modell Hegels erst wirklich profiliert: Gemäß Heideggers Konzeption ist die Gegenwart gerade durch ihre Undurchsichtigkeit gekennzeichnet, so daß man es mit einer Umkehrung des Hegelschen Modells zu tun hat. Die Vergangenheit kann nicht mehr auf das in sich durchsichtige Selbstbewußtsein der Gegenwart bezogen werden, sondern die Gegenwart kann eine Aufhellung der ihr eigentümlichen Dunkelheit nur noch vom Blick in die Vergangenheit erhoffen. Man muß sich des Anfangs der philosophischen Tradition versichern, indem man sich von der Tradition selbst auf diesen Anfang verweisen läßt. Die historisch-philosophische Forschung sieht sich »darauf verwiesen, die überkommene und herrschende Ausgelegtheit nach ihren verdeckten Motiven, unausdrücklichen Tendenzen und Auslegungswegen aufzulockern und im abbauenden Rückgang zu den ursprünglichen Motivquellen der Explikation vorzudringen« (PA, 249). Die historisch-philosophische Forschung baut die Verselbständigung der Grundbegriffe in der Tradition ab, indem sie die Tradition bis zu ihrem Anfang zurückverfolgt. Dieses Verfahren nennt Heidegger Destruktion. Es wird für ihn in seiner ganzen philosophischen Arbeit verbindlich bleiben.

Im Entwurf einer Philosophiegeschichte als Destruktion des Überlieferten bis zu seinem Anfang hin trägt Heidegger seinem bereits in der Habilitationsschrift ausgesprochenen Gedanken Rechnung, daß das Verstehen der Überlieferung immer als ein besonderes und individuelles gefaßt werden muß. Doch wird die Besonderheit und Individualität des Verstehens so bestimmt, daß es zunächst einmal Nichtverstehen ist: Das durch die verselbständigten überlieferten Begriffe und Denkweisen geprägte gegenwärtige Leben hat sich in seiner Grundstruktur gerade noch nicht verstanden; es ist, so wie es sich zunächst darbietet, ein Leben, das der besonderen Prägung durch eine jeweils besondere Überlieferungslage unterliegt. Seine jeweilige Überlieferungslage, die

Weise also, wie das gegenwärtige Leben sich in den tradierten Begriffen und Denkschemata artikuliert, kann nicht als notwendig erkannt, sondern nur in seiner jeweiligen Historizität eingesehen werden. Dazu heißt es in der Projektskizze: »Philosophische Forschung ist ihrem Seinscharakter nach etwas, was eine ›Zeit‹ – sofern sie nicht lediglich bildungsmäßig darum besorgt ist – sich nie von einer anderen erborgen kann; aber auch etwas, das – so es sich und seinen möglichen Leistungssinn im menschlichen Dasein verstanden hat – nie mit dem Anspruch wird auftreten wollen, kommenden Zeiten die Last und Bekümmerung radikalen Fragens abnehmen zu dürfen und zu können.« (PA, 238) Philosophie ist geschichtlich bestimmt durch ihre radikale Gegenwärtigkeit in der Zeit.

Darum ist die Philosophiegeschichte im Sinne Heideggers letztlich nicht bloß die Abfolge solcher immer wieder anders akzentuierten Ausprägungen des Überlieferten. Wesentlich ist sie das gerade nicht, wenn es philosophisch die Möglichkeit gibt, gegenwärtig an den Anfang der Überlieferung zurückzufragen, und wenn das gegenwärtige Philosophieren mit dieser Rückfrage die philosophischen Begriffe in ihrer Ausdrucksfunktion und ihrer Sachlichkeit gleichsam zurückerobert. Mit der Rückfrage an den Anfang der Überlieferung wird diese durch die Zeiten auch nicht übersprungen, als ginge einen die Tradition nichts mehr an. Zwar schließt das Programm einer Destruktion der Überlieferung für Heidegger eine Kritik der Überlieferung ein; aber diese Kritik richtet sich letztlich nicht auf die Überlieferung selbst, sondern auf die Rolle, die sie im gegenwärtigen Leben spielt: »Die lediglich schon durch den konkreten Vollzug der Destruktion entspringende Kritik gilt [...] nicht der Tatsache, daß wir überhaupt in einer Tradition stehen, sondern dem Wie.« (PA, 249 f.) Kritisch ist der »destruktive« Rückgang zum Anfang der Überlieferung also nicht im Hinblick auf das Vergangene, sondern im Hinblick auf die Gegenwart: »Kritik der Geschichte«, so sagt Heidegger, »ist immer nur Kritik der Gegenwart« (PA, 239). Dabei ist der »destruktive« Bezug auf die Tradition und ihren Anfang zugleich der Maßstab, an dem die Gegenwart kritisch gemessen werden kann: Nur indem man zum Anfang der Überlieferung zurückgeht, ist die Kritik der in einer undurchschauten Tradition befangenen Gegenwart möglich. Mit der Artikulation dieser Kritik, die zugleich eine Offenlegung ihres Maßstabs ist, wird dann die Befangenheit der Gegenwart in der Überlieferung überwunden, so daß das gegenwärtige Leben sich selbst durchsichtig wird: »Die Destruktion ist [...] der eigentliche Weg, auf dem sich die Gegenwart in ihren eigenen Grundbewegtheiten begegnen muß, und zwar so begegnen, daß ihr dabei aus der Geschichte die ständige Frage entgegenspringt, wie weit sie (die Gegenwart) selbst um Aneignung radikaler Grunderfahrungsmöglichkeiten und deren Auslegungen bekümmert ist.« (PA, 249)

Liest man diesen Satz genau genug, so gibt er als eine konzentrierende Zusammenfassung Aufschluß über Heideggers Konzeption der Philosophiegeschichte im ganzen: Indem die Tradition bis zu ihrem Anfang hin destruiert wird, befreit man sich aus der Befangenheit in den bloß tradierten und dabei verselbständigten Begriffen. Doch dabei findet man nicht nur einen Zugang zu den Begriffen in ihrer Ausdrucksfunktion und Sachlichkeit, sondern versteht, daß beides möglich ist – die Befangenheit in der Tradition und die Befreiung aus ihr. Auf das Wechselspiel von Befangenheit und Befreiung bezieht sich Heideggers Rede von den »Grundbewegtheiten«. Mit ihr soll gesagt sein: Befangenheit und Befreiung sind nicht einfach Zustände, sondern Vollzugsweisen des Lebens.

Indem Heidegger die Rückfrage an den Anfang der Tradition zugleich als die Erfahrung der Befangenheit in ihr versteht, deutet er die Destruktion als eine Erfahrung, in der man sich selbst erfährt. Dem entspricht, daß die Rückfrage an den Anfang auch nicht der Schritt zu einer philosophischen Theorie ist, die man nun in ihrer echten Ausdrucksfunktion und Sachlichkeit zur Kenntnis nehmen und deren Beschreibungen man übernehmen soll. Die Rückfrage an den Anfang stellt den Fragenden vielmehr selbst in Frage; sie konfrontiert ihn mit der Herausforderung, selbst um die »Aneignung radikaler Grunderfahrungsmöglichkeiten und deren Auslegung bekümmert« zu sein, das heißt, sie fordert zu einem Philosophieren heraus, in dem das Leben wieder unmittelbar zum Ausdruck kommt und dem die Sachlichkeit einer dem Leben entsprechenden Beschreibung eigentümlich ist.

Heidegger hat also sein früheres Motiv, hinzuhören auf das unmittelbare Leben der Subjektivität, nicht aufgegeben. Aber nun ist ein solches Hinhören für ihn nur noch als ein Hinhören auf den Anfang der Tradition möglich. Dieses Hinhören wiederum ist alles andere als eine Hörigkeit gegenüber dem Denken im Anfang; so würde es sich von der Befangenheit in der Tradition nicht unterscheiden. Es ist vielmehr der Schritt zum eigenen, lebendigen Denken. Ob das vergangene Philosophieren zu einer späteren Gegenwart wirklich sprechen kann und nicht nur deren Artikulationen durch selbständig gewordene Begriffe überformt, hängt wesentlich davon ab, ob das vergangene Philosophieren die Späteren zum eigenen, lebendigen Denken herausfordert. Wo diese Herausforderung gelingt und das spätere Denken sich vom früheren in seiner Authentizität ansprechen läßt, gewinnt auch das spätere seine Ausdrucksfunktion zurück.

Dort, wo die Philosophie der Ausdrucksfunktion ihrer Begriffe entspricht, artikuliert sie sich in ihrer Besonderheit. Das Besondere aber ist, als solches betrachtet, das voneinander Getrennte und Unterschiedene, und wo man diese Unterschiedenheit in zeitlicher Hinsicht ausdrückt, ist das Besondere das Vergangene in seiner Unterschiedenheit vom Gegenwärtigen. Von der Besonderheit des Vergangenen ist auch der Anfang der Tradition, Aristoteles, nicht ausgenommen; ja, gerade er kann von dieser Besonderheit nicht ausgenommen sein, wenn Heidegger der Philosophie des Anfangs die Ausdrucksfunktion nachdrücklich zuspricht. Sofern die Philosophie des Aristoteles als Ausdruck verstanden werden muß, ist sie vergangen und läßt sich nicht einfach übernehmen. Die Einsicht in die Besonderheit auch des Anfangs der Tradition macht für Heidegger sogar einen wesentlichen Aspekt der »Aneignung der Geschichte« aus, diese besagt nämlich:

»Radikal verstehen, was jeweilen eine bestimmte vergangene philosophische Forschung in ihrer Situation und für diese in ihre Grundbekümmerung stellte; *verstehen,* das heißt nicht lediglich zur konstatierenden Kenntnis nehmen, sondern das Verstandene im Sinne der eigensten Situation für diese ursprünglich wiederholen. Das geschieht aber am allerwenigsten in der Übernahme von Theoremen, Sätzen, Grundbegriffen und Prinzipien und in der irgendwie geleiteten Erneuerung derselben. Verstehende Vorbildnahme, der es um sich selbst geht, wird von Grund aus die Vorbilder in die schärfste Kritik stellen und zu einer möglichen fruchtbaren Gegnerschaft ausbilden. Das faktische Dasein ist, was es ist, immer nur als das eigene, nicht das Überhauptdasein irgendwelcher allgemeiner Menschheit, für die zu sorgen lediglich ein erträumter Auftrag ist.« (PA, 239)

Nimmt man diese Sätze ernst, so wird man von Heidegger nicht erwarten dürfen, daß er die allgemeinen Bestimmungen der Grundstruktur des Lebens einfach aus den Bestimmungen des Aristoteles herausliest. Die im prägnanten Sinne des Wortes »eigenständige« Artikulation dieser Struktur, die Ausbildung eigener Grundbegriffe, ist vielmehr erforderlich, wenn man der Besonderheit des in Frage stehenden »faktischen Daseins« entsprechen will.

Und doch hat dieses »faktische Dasein« eine Grundstruktur,

doch ist es also allgemein beschreibbar und bestimmbar, und man muß fragen, wie diese Allgemeinheit zur Sprache kommen soll, wenn jede Beschreibung allein schon darin besonders ist, daß das »faktische Dasein« sich zugleich in ihr ausspricht und ausdrückt. Folgt man den gerade zitierten Sätzen aus Heideggers Projektskizze, so ist das noch nicht einmal in der modifizierenden Erneuerung vergangener Grundbegriffe möglich. Heideggers Rückfrage an Aristoteles ist kein Plädoyer für einen wie frei auch immer durchgeführten Aristotelismus. Den Beschreibungen und Bestimmungen des Aristoteles könne man vielmehr nur in der »schärfsten Kritik« entsprechen, die sich zu einer »fruchtbaren Gegnerschaft« ausgebildet hat. Diese Gegnerschaft dürfe wiederum nicht den Charakter einer begrifflichen Alternative oder gar einer begrifflichen Überbietung haben wollen: Bei aller Besonderheit bleibt die Aristotelische Philosophie für Heidegger als Anfang der Tradition doch verbindlich. In seiner Projektskizze hat er – noch – nicht die Absicht, eine eigene Konzeption der Grundstruktur des faktischen Daseins zu entwickeln, in welche die des Aristoteles dann eingegliedert werden könnte. Die »fruchtbare Gegnerschaft«, von der Heidegger spricht, kann darum auch nur in der unaufgelösten Spannung des »ersten Anfangs« und eines »neuen Anfangs« bestehen. Es gilt, den ersten Anfang in einem neuen Anfang zu »wiederholen«.

Der »erste Anfang« und der »neue Anfang« sind Momente in der Bewegung des historischen Erkennens: Es ist der Vollzug des Fragens, in dem die Sache des ersten Anfangs ebenso wie die des neuen zum Tragen kommt. Das Fragen wiederum wird erforderlich, wenn man sich mit der gegenwärtigen Situation nicht begnügen will, und man kann sich mit ihr nicht begnügen, weil sie eine Provinz im Schattenreich der Begriffe ist. Als eine solche Provinz kann die gegenwärtige Situation schließlich verstanden werden, sofern die Schatten selbst noch auf das verweisen, wovon sie geworfen sind: Die verselbständigten Begriffe tragen ja »noch ein Stück echter Tradition ihres ursprünglichen Sinnes bei sich« (PA, 249) – sie verweisen an ihren Anfang zurück. Im philosophischen Fragen selbst zeigt sich so die »Grundbewegtheit« des Lebens, und Heidegger gelangt zu den Bestimmungen der Grundstruktur des Lebens dadurch, daß er sich über den Vollzug des historischen Erkennens Rechenschaft gibt. Die Methode, der Vollzug des historischen Erkennens ist der Gegenstand, und der Gegenstand, der Vollzug des historischen Erkennens, ist die Methode. So hätte auch Hegel reden können. Doch Heideggers Konzeption unterscheidet sich von der Hegelschen hier darin, daß Vergangenes und Gegenwärtiges, Anfang und Wiederholung, in ihrer Besonderheit bestehen bleiben und dadurch, daß sie verschieden voneinander sind, die Spannung des historischen Erkennens ausmachen. Im Gegenspiel des Besonderen, und nur in ihm, liegt das Allgemeine.

Wenn Heidegger zu den in seiner Projektskizze entwickelten Strukturbestimmungen des Lebens in einer Rechenschaftsgabe des historischen Erkennens findet, dann müssen sich auch die von ihm eingeführten Begriffe verständlich machen lassen, indem man sie auf den Vollzug des historischen Erkennens selbst bezieht. Der wichtigste dieser Begriffe ist Heideggers Begriff für den Vollzug des historischen Erkennens selbst, der einer »phänomenologischen Hermeneutik der Faktizität« (PA, 247).

Weil dieser Begriff in der Projektskizze nicht näher erläutert wird, empfiehlt es sich, auf eine Vorlesung zurückzugreifen, die Heidegger im Sommersemester 1923 unter dem Titel *Ontologie (Hermeneutik der Faktizität)* (GA 63) gehalten hat, also ein knappes Jahr nach der Niederschrift der Projektskizze. Vergleicht man diese Vorlesung mit der Projektskizze und der früheren Vorlesung *Phänomenologische Interpretationen zu Aristoteles* (GA 61), so ergibt sich ein eindrucksvolles Zeugnis dafür, wie es Heidegger gelingt, Gedankenzusammenhänge, die zunächst nur den Charakter von Intuitionen haben, auszuarbeiten.

Phänomenologische Hermeneutik der Faktizität – man versteht diesen Begriff wohl am besten, indem man bei dem an letzter Stelle genannten Wort ansetzt, zumal dieses in der Rede vom »faktischen Dasein« schon einmal begegnet war. Gleich zu Beginn der Vorlesung sagt Heidegger:

> »*Faktizität* ist die Bezeichnung für den Seinscharakter ›unseres‹ ›eigenen‹ Daseins. Genauer bedeutet der Ausdruck: jeweilig dieses Dasein (Phänomen der ›Jeweiligkeit‹; vgl. Verweilen, Nichtweglaufen, *Da*-bei-, Da-sein), sofern es seinsmäßig in seinem Seinscharakter ›da‹ ist. *Seinsmäßig* dasein besagt: nicht und nie primär als *Gegenstand* der Anschauung und anschaulicher Bestimmung, der bloßen Kenntnisnahme und Kenntnishabe von ihm, sondern Dasein ist ihm selbst *da* im Wie seines eigensten Seins.« (GA 63, 7)

Es dürfte nach dem Bisherigen nicht mehr allzu schwierig sein, diese gedrängte Bestimmung in ihre einzelnen Momente aufzulösen und sich verständlich zu machen. Heidegger erläutert den Begriff »Faktizität« durch den Begriff der »Jeweiligkeit«, und damit schließt er an den bereits vertrauten Gedanken von der jeweiligen Situation, der jeweils bestimmten Zeit des eigenen Lebens an. Wir »sind« nicht zunächst – und dann noch zu einer bestimmten Zeit, sondern es macht unser Sein aus, zu einer bestimmten Zeit zu sein. Der Terminus »Faktizität« verweist also auf die Besonderheit des eigenen Lebens in zeitlicher Hinsicht, und er verweist darauf, daß diese Besonderheit unhintergehbar ist; sie ist ein Faktum nicht im Sinne einer feststellbaren Tatsache, sondern in dem Sinne, daß die jeweilige Besonderheit ebensowenig gewählt wurde, wie sie abzustreifen ist.

Im Anschluß daran versteht man auch die Bedeutung des Begriffs »Dasein«, der in den frühen Vorlesungen und der Problemskizze noch nicht eindeutig den Charakter eines Terminus hat und noch mehr oder weniger gleichbedeutend mit dem Ausdruck »Leben« verwendet wird. Die Vorlesung, der das Zitat entnommen ist, läßt jedoch bereits eine deutliche Bevorzugung von »Dasein« gegenüber »Leben« erkennen, eine Bevorzugung, die sich mit der Vorlesung aus dem Sommersemester 1925, *Prolegomena zur Geschichte des Zeitbegriffs* (GA 20), endgültig durchgesetzt hat. »Dasein« ist Heideggers Begriff für unsere Weise zu sein, und zwar in bestimmten Akzentuierungen: Dasein ist, zunächst einmal, als Infinitiv zu lesen, und will man, um sich den Sinn dieses Infinitivs verständlich zu machen, noch einmal auf den Ausdruck »Leben« zurückgreifen, so kann man sagen: Der Infinitiv soll darauf abheben, daß es das Leben nur gibt, sofern es gelebt wird. Der Infinitiv zielt darauf, daß wir in unserer Weise zu sein nicht primär etwas Vorliegendes, etwas Bestehendes sind, sondern eine Bewegtheit. Man erinnere sich an Heideggers Formulierung von den »Grundbewegtheiten« des Lebens aus der Projektskizze.

Doch wenn er nur dies hätte sagen wollen, hätte Heidegger den Ausdruck »Leben« durchaus beibehalten können, denn auch dieser läßt sich ja zumindest im Deutschen als Infinitiv lesen und kann deshalb gebraucht werden, um eine »Bewegtheit« anzuzeigen. Wie die zitierten Sätze aus der Ontologie-Vorlesung belegen, kommt es jedoch darauf allein nicht an. Heidegger assoziiert mit »Dasein« vielmehr »Verweilen«, »Nichtweglaufen« und ebenso die eigentümliche Prägung »*Da*-bei-sein«. »Dasein« heißt »Präsentsein«, »Nichtabwesendsein« in dem Sinne, daß damit Aufmerksamkeit im Gegensatz zur Unaufmerksamkeit bezeichnet ist. Vergißt man nicht, daß das Wort »Dasein« eine Erläuterung der Faktizität ist, so weiß man auch, worauf sich die hier gemeinte Aufmerksamkeit zu richten hat: auf die unhintergehbare, eigene zeitliche Besonderheit. »Dasein« heißt demnach »Beisichsein«, und das wiederum ist im Gegensatz dazu zu verstehen, daß jemand »nicht bei sich« ist. Das führt auf die Assoziation von

»Dasein« mit »Verweilen« und »Nichtweglaufen« zurück: Man ist im Sinne Heideggers »da« oder »bei sich«, wenn man nicht von sich wegläuft, und was es heißen soll, vor sich wegzulaufen, ist bereits aus der Projektskizze zu entnehmen: es heißt, im Schattenreich der Begriffe und Denkweisen der Tradition befangen zu sein. Doch wenn man diese Befangenheit als ein »Weglaufen« versteht, so ist damit zugleich darauf hingewiesen, daß man es bei ihr mit keinem Zustand zu tun hat, sondern mit einer Lebensbewegung. Diese Lebensbewegung nennt Heidegger schon in der Projektskizze »das Verfallen«. »Verfallen« ist das Sichhalten, das Sichhaltenwollen in der Befangenheit der Tradition.

Es ist jedoch nur möglich, sich in der Befangenheit der Tradition halten zu *wollen,* wenn die Besonderheit der eigenen Situation gegenwärtig bleibt. Auch das Verfallen ist dann insofern eine Weise des Daseins, als man in ihm »bei sich« sein muß, um dieses Beisichsein nicht zu wollen. »In allem Sichausdemweggehen ist das Leben faktisch für es selbst da; im ›Wegvonihm‹ stellt es sich gerade [...]. Das ›Aufgehen in‹ hat wie jede Bewegtheit der faktischen Zeitlichkeit in ihm selbst eine mehr oder minder ausdrückliche und uneingestandene *Rücksicht* auf das, wovor es flieht.« (PA, 244) Übersetzt man das wieder in den Problemzusammenhang der Philosophiegeschichte, so heißt es: Der Anfang der Tradition bleibt in der Tradition und im Verhalten zu ihr gegenwärtig; wo man es sich leichtmacht, indem man sich nur an die bereits ausgearbeiteten und überlieferten Begriffe und Denkweisen hält, weiß man im Grunde, daß diese eigentlich zu eigenem Denken herausfordern müßten, indem sie auf ihren Anfang zurückverweisen. Zu eigenem Denken wiederum können die bereits ausgearbeiteten und überlieferten Begriffe und Denkweisen nur herausfordern, indem man sich von ihnen abstößt und nicht länger darum »besorgt« ist, es sich leichtzumachen. Damit beginnt die Rückfrage an den Anfang.

Weil aber der Anfang immer nur Anfang ist, sofern es bei ihm nicht bleibt, ist es unmöglich, zum eigenen und eigentlichen Philosophieren zu gelangen, ohne zuvor in der Tradition befangen zu sein und sich dann von ihr abzustoßen. Diese Bewegung wird bereits in der Projektskizze von Heidegger in die Struktur des historischen Lebens umreißenden Begriffen gefaßt: »Das in der Faktizität selbst zugängliche Sein des Lebens an ihm selbst ist solcher Art, daß es nur auf dem *Umwege* über die Gegenbewegung gegen das verfallende Sorgen sichtbar und erreichbar wird. [...] Dieses im faktischen Leben für es selbst zugängliche Sein seiner selbst sei bezeichnet als *Existenz.*« (PA, 245) Wenn Heidegger hier vom »zugänglichen Sein« spricht, ist das insofern mißverständlich, als man denken könnte, dieses Sein – es ist immer nur das eigene und also das Dasein – könne betrachtet und beschrieben werden, so daß man es aufgrund einer solchen Betrachtung versteht. Doch gemeint ist nicht ein zugängliches Sein in diesem Sinne, sondern das Sein in seiner ausdrücklichen Zugänglichkeit. »Existenz«, wie Heidegger das Wort hier verwendet, meint die Distanzierung von der Tradition und die Rückfrage an ihren Anfang, sofern sich dabei die beiden »Grundbewegtheiten« der Faktizität artikulieren und man so weiß, woran man mit sich ist.

An diese Artikulation, die das eigene Sein zu verstehen gibt, denkt Heidegger, wo er von Hermeneutik spricht: »Der Terminus besagt [...] im Anschluß an seine ursprüngliche Bedeutung: eine bestimmte Einheit des Vollzugs des hermeneúein (des Mitteilens), d.h. des zu Begegnung, Sicht, Griff und Begriff bringenden *Auslegens der Faktizität.*« (GA 63, 14)[8] Hermeneutik ist Selbstauslegung des Daseins und darin Ausdruck seiner gegenwärtigen Besonderheit in der Rückfrage an den Anfang; sie ist, mit einer anderen Formulierung Heideggers, »Wachsein des Daseins für sich selbst« (GA 63, 15).

Wir wissen bereits, daß das Verhältnis der Tradition einschließlich der Gegenwart zu ihrem Anfang für Heidegger nur durch eine als Destruktion verstandene Philosophiegeschichte geklärt werden kann. In der Destruktion gesteht man sich den befangenen Charakter der Tradition ein und ist bei der Rückfrage an den Anfang »bei sich« in seiner besonderen gegenwärtigen Situation. Indem man dies artikuliert, macht man die Bewegtheit des Lebens deutlich, und zwar in ihren beiden »Grundbewegtheiten«: Ausdrücklich wird sowohl das Verfallen an das Schattenreich der Begriffe und Denkweisen als auch das wahrhaftige Fragen. Oder allgemeiner und in Heideggers Terminologie gesagt: Ausdrücklich wird die Faktizität »hermeneutisch«.

Nun läßt sich verständlich machen, warum Heidegger die Hermeneutik der Faktizität als »phänomenologische« Hermeneutik bezeichnet. Gewiß hat Heidegger den Terminus »Phänomenologie« von Husserl übernommen, und in einer Hinsicht bleibt das, was Heidegger unter Phänomenologie versteht, dem Verständnis seines Lehrers ähnlich. In seinen *Logischen Untersuchungen* hatte Husserl das Programm einer »reinen Logik« entworfen und darunter den Versuch verstanden, die »eigentlichen Objekte der logischen Forschung«[9], seinem Verständnis nach die Begriffe und ihre Verbindungen etwa in Urteil und Schluß, derart zu beschreiben, wie sie ursprünglich gegeben sind. Gegeben aber sind sie im Bewußtsein, so daß die Phänomenologie es damit zu tun hat, für die entsprechenden Bewußtseinsvorgänge aufmerksam zu sein und sie zu beschreiben. Dabei handelt es sich, wie Husserl betont, »nicht um grammatische Erörterungen im empirischen, auf irgendeine historisch gegebene Sprache bezogenen Sinn, sondern um Erörterungen jener allgemeinsten Art, die zur weiteren Sphäre einer objektiven *Theorie der Erkenntnis* und, was damit innigst zusammenhängt, einer *reinen Phänomenologie der Denk- und Erkenntniserlebnisse* gehören«[10]. Die »reine Phänomenologie« hält sich nicht an die Begriffe einer bestimmten Sprache, sondern will in der Aufmerksamkeit auf die Bewußtseinsvorgänge das erfassen, was die Begriffe einer bestimmten Sprache »meinen«, und eben dies aufweisen: Die Phänomenologie ist »intuitiv« und »deskriptiv«.

Man sieht, wie Heidegger aus diesem Programm gelernt hat: Dem, was Husserl »Intuition« nennt, entspricht in der Habilitationsschrift bereits das Hinhören auf das unmittelbare Leben der Subjektivität; ihm entspricht das Wort »Dasein« in der erläuterten Bedeutung insofern, als auch dieses Wort die unmittelbar erfassende Aufmerksamkeit anzeigt. Und was Husserl als »Deskription« versteht, erhält bei Heidegger seine bisher deutlichste Entsprechung in der Hermeneutik. Heidegger nimmt Husserls Programm auf und transponiert die Phänomenologie der Denk- und Erkenntniserlebnisse in eine Phänomenologie der historischen Erkenntnis und in eine Phänomenologie des Daseins.

Doch mit den bisherigen Erläuterungen ist noch nicht gesagt, was den Terminus »Phänomenologie« zur Bezeichnung des Husserlschen Programms geeignet macht und was ihn auch Heidegger als so geeignet erscheinen läßt, daß er ihn von Husserl übernimmt. Das läßt sich mit Heidegger selbst beantworten:

»Das Wort *Phänomen* hat seinen Ursprung in dem griechischen Terminus phainómenon, was sich von phaínesthai, sich zeigen, ableitet. Phänomen ist also das, was sich zeigt, als sich zeigendes. Das heißt zunächst: es ist als es selbst da, nicht irgendwie vertreten oder in indirekter Betrachtung, und nicht irgendwie rekonstruiert. Phänomen ist die Weise des Gegenständlichseins von etwas, und zwar eine ausgezeichnete: das von ihm selbst her Präsentsein eines Gegenstandes.« (GA 63, 67)

Für Husserl war es, wenn man dieser Erläuterung folgt, die »Gegebenheit« des Sinnes von Gedachtem und Erkanntem im Bewußtsein, was ihn dazu bringen konnte, sein Programm als Phänomenologie zu bezeichnen. Alle Bewußtseinsakte sind auf etwas gerichtet, sie sind »intentional«, und das, worauf sie gerichtet sind, ist unmittelbar in ihnen präsent. Wenn die Intentionalität eine Wesensbestimmung von Bewußtseinsakten ist, so lassen diese sich nur phänomenologisch beschreiben, denn ihnen ist die Gegebenheit dessen, worauf sie gerichtet sind, wesentlich. Für Heidegger bietet sich die Phänomenologie darum an, weil das Leben, verstanden als Dasein, durch »Selbstgegebenheit« charakterisiert ist. Dasein heißt Präsentsein, und aus diesem Grunde ist das Dasein der ausgezeichnete, der einzige »Gegenstand« der Phänomenologie.

Die Präsenz, die mit dem Terminus »Dasein« zu verstehen gegeben werden soll, ist allerdings eine Präsenz eigener Art: Sie ist dadurch charakterisiert, daß sie zunächst undurchsichtig ist und erst geschichtlich auf dem »Umweg« der Destruktion gewonnen werden kann. Dieser Gedanke ist Husserl ebenso fremd, wie er für Heidegger zentral ist; mit ihm erhält der Begriff der Phänomenologie erst die spezifisch Heideggersche Bedeutung. Seine eigentliche Pointe im Hinblick auf den Begriff der Phänomenologie formuliert Heidegger in der Ontologie-Vorlesung:

»Sollte es sich nun herausstellen, daß es zum *Seins*charakter des *Seins,* das Gegenstand der Philosophie ist, gehört: *zu sein in* der Weise des *Sich-verdeckens* und Sich-verschleierns – und zwar nicht akzessorisch, sondern seinem Seinscharakter nach –, dann wird es eigentlich ernst mit der Kategorie Phänomen. Die Aufgabe: es zum Phänomen zu bringen, wird hier radikal phänomenologisch.« (GA 63, 76)

Und noch deutlicher heißt es dann in *Sein und Zeit:*

»Was ist es, was in einem ausgezeichneten Sinne ›Phänomen‹ genannt werden muß? Was ist seinem Wesen nach *notwendig* Thema einer *ausdrück-*

lichen Aufweisung? Offenbar solches, was sich zunächst und zumeist gerade *nicht* zeigt, was gegenüber dem, was sich zunächst und zumeist zeigt, *verborgen* ist, aber zugleich etwas ist, was wesenhaft zu dem, was sich zunächst und zumeist zeigt, gehört, so zwar, daß es seinen Sinn und Grund ausmacht.« (GA 2, 47/35)[11]

Heideggers Hinweis auf die »ausdrückliche Aufweisung«, die die Phänomenologie zu leisten hat, macht auch den Terminus »Phänomenologie« erst wirklich verständlich: Die Philosophie ist »lógos«, aufweisende Rede, in der das, was sich »zunächst und zumeist nicht zeigt«, herausgehoben und ausdrücklich gemacht wird; diese Rede macht darauf aufmerksam, was »Sinn und Grund« des sich zunächst Zeigenden ist. Und wenn beides wir selbst sind, dann ist der »lógos« der Philosophie ein Reden, durch das wir uns selbst zu verstehen gegeben werden. Wie Heidegger dann in *Sein und Zeit* ausdrücklich sagt, hat »der lógos der Phänomenologie [...] den Charakter des hermeneúein« (GA 2, 50/37). Phänomenologie und Hermeneutik der Faktizität sind letztlich dasselbe.

Indem Heidegger den Terminus »Phänomenologie« von Husserl übernimmt, baut er sich auch eine Brücke zu den philosophischen Fragen, auf die er sich beziehen muß, wenn er sein Programm einer Philosophie als historischer Erkenntnis einlösen will: zu den Fragen des Aristoteles. Aus dem »prinzipiellen neuen Grundansatz«, den Heidegger bei Aristoteles sieht, »erwachsen« dessen »Logik und Ontologie«. Heidegger versteht »Ontologie« und »Logik« hier als Bezeichnungen für die Aristotelischen Konzeptionen des – sich zeigenden – Seienden sowie des dieses Seiende aufweisenden Sprechens; »Logik« hat hier nichts mit der Lehre vom schlüssigen und folgerichtigen Denken und Argumentieren zu tun. »Ontologie« und »Logik« sind aber auch die Titel, die in der Problemskizze auf die beiden Aspekte der Hermeneutik der Faktizität verweisen. Dazu heißt es:

»Die Problematik der Philosophie betrifft das Sein des faktischen Lebens. Philosophie ist in dieser Hinsicht *prinzipielle Ontologie,* so zwar, daß die bestimmten einzelnen welthaften regionalen Ontologien von der Ontologie der Faktizität her Problemgrund und Problemsinn empfangen. Die Problematik der Philosophie betrifft das Sein des faktischen Lebens im jeweiligen Wie des Angesprochen- und Ausgelegtseins. Das heißt, die Philosophie ist als Ontologie der Faktizität zugleich kategoriale Interpretation des Ansprechens und Auslegens, das heißt *Logik.*« (PA, 246 f.)

Hier fällt auf, daß die Philosophie – unter dem Aspekt der »Logik« – nicht mehr einfach als Ausdruck und Beschreibung der Faktizität gefaßt wird, sondern als »Interpretation des Ansprechens und Auslegens«. Damit kündigt sich eine Verschiebung in der Konzeption Heideggers an, die uns noch ausführlicher beschäftigen wird. Um diese Verschiebung vorgreifend zu charakterisieren, kann man sagen: Bei seinem Versuch, die Philosophie in ihrem geschichtlichen Charakter als Destruktion, als Rückfrage in den Anfang, durchzuführen, zeigt sich das Phänomen des Daseins in einer Weise, die zu einer Krise des Heideggerschen Philosophieverständnisses führt – und damit zu einer Krise seines Verständnisses der Geschichte. So paradox es vielleicht auch klingt: Das Buch, das normalerweise und völlig zu Recht als sein systematisches Hauptwerk gilt, *Sein und Zeit* also, markiert im Denken Heideggers eine gewaltige und folgenreiche Irritation.

Doch auch in anderer Hinsicht ist die Aristoteles-Skizze die Keimzelle einer Irritation, die Heidegger als solche allerdings erst in den dreißiger Jahren aufarbeiten wird. Das Konzept, das er sich mit der Aristoteles-Skizze erarbeitet, hat nämlich keinen Platz mehr für das in der Habilitationsschrift dominierende Motiv einer Beziehung der Philosophie auf die Religion. Und doch gibt er dieses Motiv nicht einfach auf, sondern bestätigt seine Wirksamkeit, indem er es eigens zur Sprache bringt. Wo Heidegger das Programm einer Aufweisung der Faktizität entwirft, die als Hermeneutik die Artikulation eines Selbstverstehens ist, wird der Gedanke aufgegeben, ein solches Selbstverstehen solle Hinweis auf ein in der Ernsthaftigkeit des Glaubens geführtes Leben sein – nicht stillschweigend, sondern entschieden. Von einer »Philosophie der verehrenden Gottinnigkeit« (GA I, 410) ist nun keine Rede mehr. In der Projektskizze heißt es, eine Philosophie, die sich dafür entschieden habe, »das faktische Leben von ihm selbst her aus seinen eigenen faktischen Möglichkeiten auf sich selbst zu stellen«, habe *»grundsätzlich atheistisch«* zu sein und das zu verstehen (PA, 246).

Diese Charakterisierung der Philosophie war Heidegger so wichtig, daß er sie in einer Fußnote erläutert hat. »Atheistisch« sei die Philosophie nicht »im Sinne einer Theorie als Materialismus oder dergleichen«, und er fährt fort:

»Jede Philosophie, die in dem, was sie ist, sich selbst versteht, muß als das faktische Wie der Lebensauslegung gerade dann, wenn sie dabei noch eine ›Ahnung‹ von Gott hat, wissen, daß das von ihr vollzogene sich zu sich selbst Zurückreißen des Lebens, religiös gesprochen, eine Handaufhebung gegen Gott ist. Damit allein aber steht sie ehrlich, d.h. gemäß der ihr als solcher verfügbaren Möglichkeit vor Gott; atheistisch besagt hier: sich freihaltend von verführerischer, Religiosität lediglich beredender, Besorgnis.« (PA, 246)

Obwohl es im ersten Moment so scheinen kann, als hielte Heidegger hier an seinem frühen Versuch fest, die Philosophie und die Ernsthaftigkeit des Lebens, zu der sie auslegend verhilft, auf die Religion zu beziehen, behauptet er nichts weniger als die radikale Unversöhnlichkeit von Philosophie und Religion. Zunächst erscheint das keineswegs so. Wenn Heidegger sagt, eine Philosophie, die noch eine Ahnung von Gott habe, müsse sich als »Handaufhebung« gegen Gott verstehen und stehe darin vor Gott, so scheint er das Verhältnis von Philosophie und Religion gerade noch festzuhalten und nur auf eine – verglichen mit der Habilitationsschrift – neue Weise zu etablieren. Die Philosophie wird hier schließlich in der Perspektive der Religion betrachtet, und diese Betrachtung hat Heidegger wahrscheinlich auch wieder bei Kierkegaard gelernt: Die Analyse des menschlichen »Selbst« und der Formen seiner Verzweiflung, die Kierkegaard sein Pseudonym Anti-Climacus in der *Krankheit zum Tode* anstellen läßt, soll zwar einerseits die Möglichkeit des Glaubens nahelegen, die allein aus der Verzweiflung herausführen kann; aber andererseits weiß Anti-Climacus genau, daß diese Betrachtung, christlich gesprochen, Sünde ist. Statt einer demütigen Beugung unter den Glauben bekundet sich in ihr eine fragwürdige Verliebtheit in die Verzweiflung.

Dieser Gedanke ist bei Heidegger aufgenommen, doch die Charakterisierung der Philosophie als »Handaufhebung« ist wesentlich radikaler als ihre Charakterisierung als Sünde bei Kierkegaard. Gegen jemanden die Hand aufzuheben heißt, ihn anzugreifen und töten zu wollen; die Ehrlichkeit der Philosophie gegenüber Gott ist die Ehrlichkeit einer für Gott lebensbedrohenden Absage: Zur Ernsthaftigkeit und Einheitlichkeit eines im Glauben geführten Lebens ist das philosophische Leben eine Alternative auf Leben und Tod. Und zu dieser Alternative sieht Heidegger sich offenbar genötigt, weil das Destruktionsprogramm, das er in seiner Projektskizze entwirft, auch die »theologische Anthropologie« einbegreift: Die Theologie Augustins, deren zentrale Bedeutung Heidegger betont, verweist für ihn mit ihrer »Idee des Menschen und des Daseins [...] in die griechische Philosophie, die griechisch fundierte patristische Theologie, in die paulinische Anthropologie und in die des Johannesevangeliums« (PA, 251). All dies fällt in den Wirkungsbereich des Destruktionsprogramms, auch die Paulinische Anthropologie, für die das, was die Griechen suchten, angesichts des Kreuzes zu einer Torheit geworden ist (1. Kor. 1, 19-25), und zwar dann, wenn sich auch »antigriechische [...] Tendenzen [...] in denselben Blickrichtungen und Auslegungsweisen« halten, die durch den Anfang der philosophischen Tradition ermöglicht worden sind. Der Atheismus des Destruktionsprogramms richtet sich nicht nur gegen eine »verführerische, Religiosität lediglich beredende Besorgnis«. Und doch ist es bedeutsam, daß Heidegger auf diese Dinge überhaupt zu sprechen kommt; so wird deutlich, wie wichtig sie ihm sind. Auch dieses Thema wird ihn dazu nötigen, sein Destruktionsprogramm erheblich zu verändern. Am Ende wird er dabei zur Einsicht in den problematischen Charakter einer philosophischen Gegenbewegung zur Religion kommen.

3. Fundamentalontologie:
Ein folgenreiches Zwischenspiel

Destruktion des Aristoteles

Die Behauptung, das wirkungsmächtigste und systematisch am besten ausgearbeitete Buch Heideggers, das 1927 erschienene *Sein und Zeit* also, dokumentiere im Zusammenhang seiner Philosophie eine Krise, ist gewiß nicht auf Anhieb nachvollziehbar.

Die Behauptung entspricht jedoch dem Selbstverständnis Heideggers; das zeigt ein Brief, den er im Jahr 1942 an den Literaturwissenschaftler Max Kommerell geschrieben hat: »Sein und Zeit war eine Verunglückung.«[12] Und in einem Brief aus dem Jahr 1935 an Elisabeth Blochmann heißt es: »Beiläufig mehren sich die Blätter in einem Umschlag, der überschrieben ist: Kritik zu ›Sein u. Zeit‹. Langsam verstehe ich dieses Buch, dessen Frage ich jetzt deutlicher begreife; ich sehe die große Unvorsichtigkeit, die in dem Buche steckt, aber vielleicht muß man solche ›Sprünge‹ machen, um überhaupt zum Sprung zu kommen. Es gilt jetzt nur, dieselbe Frage noch einmal zu stellen, viel ursprünglicher u. viel freier von allem Zeitgenössischen und Gelernten und Gelehrten.« (HBBr, 87 f.)

Man muß jedoch gar nicht auf die Selbstzeugnisse Heideggers zurückgreifen, um zu zeigen, daß *Sein und Zeit* »eine Verunglückung« war. Das Buch ist Fragment geblieben: Es war auf zwei Teile angelegt, die in je drei Abschnitte unterteilt sein sollten. Veröffentlicht hat Heidegger nur die ersten beiden Abschnitte des ersten Teils.

Für die Veröffentlichung gibt es äußerliche Gründe: Die »große Unvorsichtigkeit«, von der Heidegger in seinem Brief an Elisabeth Blochmann spricht, war nötig geworden, weil die Marburger Philosophische Fakultät Heidegger als Nachfolger von Nicolai Hartmann für das erste philosophische Ordinariat vorgeschlagen hatte. Der Vorschlag war, wie Heidegger selbst berichtet (SD, 88), vom Ministerium in Berlin mit der Begründung zurückgegeben worden, Heidegger habe seit seiner Habilitationsschrift nichts mehr veröffentlicht; daran hatte sich also seit seiner Berufung nach Marburg nichts geändert. Obwohl die beiden Aushängebögen des Buches, die 1926 an das Ministerium geschickt worden waren, mit dem Vermerk zurückkamen, sie seien unzureichend, wurde Heidegger 1927 dann doch auf das Ordinariat berufen.

Sein und Zeit, und damit ist im folgenden, wenn es nicht ausdrücklich gesagt wird, immer nur der veröffentlichte Teil gemeint, ist also unter erheblichem Zeitdruck entstanden, und das merkt man dem Buch auch an. Obwohl es über weite Strecken sorgfältig ausgearbeitete Passagen enthält, hat es doch auch den Charakter eines Programmentwurfs. Wesentliche Probleme werden nur angedeutet und dabei manchmal auf den zweiten Teil verschoben; der zweite Teil hätte der eigentlich entscheidende werden sollen.

Was diesen zweiten Teil angeht, so kann man sich zumindest von zwei der geplanten Abschnitte ein recht genaues Bild machen. Das Material für einen von ihnen hat Heidegger zu einem selbständigen Buch ausgearbeitet und 1929 unter dem Titel *Kant und das Problem der Metaphysik* (GA 3) veröffentlicht. Das Material des Abschnitts, der als letzter des zweiten Teils vorgesehen war, ist in Form der Vorlesung *Die Grundprobleme der Phänomenologie* (GA 24) aus dem Sommersemester 1927 zugänglich. Ihr lassen sich auch wichtige Hinweise auf die Fragestellung entnehmen, die von Heidegger im dritten Abschnitt des ersten Teils entwickelt werden sollte.

Doch Heidegger hat den zweiten Teil des Projektes *Sein und Zeit* gewiß nicht aus äußerlichen Gründen zurückgehalten und aus dem Kant-Teil ein anders ansetzendes, selbständiges Buch gemacht. Das Scheitern des Projektes ist vielmehr darin begründet, daß sein systematischer Entwurf sich nicht so durchführen ließ, wie Heidegger es geplant hatte. Um das zu erläutern und um überhaupt in die Fragestellung des Projektes über *Sein und Zeit* hineinzukommen, empfiehlt es sich, die von Heidegger geplante Systematik etwas eingehender zu betrachten. Gemäß einem »Aufriß der Abhandlung« im § 8 von *Sein und Zeit* (GA 2, 52 f./39 f.) hätte das ganze Werk folgenden Aufbau haben sollen:

I. Die Interpretation des Daseins auf die Zeitlichkeit und die Explikation der Zeit als des transzendentalen Horizontes der Frage nach dem Sein.

    1. Die vorbereitende Fundamentalanalyse des Daseins.

    2. Dasein und Zeitlichkeit.

    3. Zeit und Sein.

II. Grundzüge einer phänomenologischen Destruktion der Geschichte der Ontologie am Leitfaden der Problematik der Temporalität.

    1. *Kants* Lehre vom Schematismus und der Zeit als Vorstufe einer Problematik der Temporalität.

    2. Das ontologische Fundament des »cogito sum« *Descartes'* und die Übernahme der mittelalterlichen Ontologie in die Problematik der »res cogitans«.

    3. Die Abhandlung des *Aristoteles* über die Zeit als Diskrimen der phänomenalen Basis und der Grenzen der antiken Ontologie.

Nach der eingehenden Beschäftigung mit der Projektskizze wird hier wahrscheinlich einiges vertraut und anderes ungewöhnlich vorkommen. Hält man sich zunächst an das Vertraute, so wird das Neue um so deutlicher hervortreten. Vertraut ist natürlich die Rede vom »Dasein« im ersten Teil des Plans ebenso wie die Zusammenstellung von Dasein und Zeit, die auf das Programm der »historischen Erkenntnis« verweist.

Doch im fünften Kapitel des Buches, das den Titel »Zeitlichkeit und Geschichtlichkeit« trägt, kommt die »historische Erkenntnis« der Philosophie bestenfalls am Rande zur Sprache. Und erinnert man sich an die Projektskizze, so muß es überraschen, daß die »Geschichtlichkeit« des Daseins nicht als Vollzug der Destruktion verstanden wird, sondern die Destruktion der Überlieferung erst im zweiten Teil durchgeführt werden soll. In dieselbe Richtung weisen noch andere Differenzierungen: Heidegger unterscheidet in seinem Aufriß »Zeit«, »Zeitlichkeit« und »Temporalität«, und hält man sich an die entsprechenden Ausführungen der Grundprobleme-Vorlesung, ist dabei »Zeit« als Oberbegriff für »Zeitlichkeit« und »Temporalität« gemeint. (GA 24, 389) Den Terminus »Temporalität« reserviert Heidegger für den zweiten Teil des Projektes, wobei offenbar dem ersten Abschnitt dieses Teils die Rolle einer Überleitung zugedacht war: In der ihm zugedachten Überschrift ist von einer »Vorstufe für die Problematik der Temporalität« die Rede. »Temporalität« ist nun nichts anderes als eine Latinisierung von »Zeitlichkeit«, und deshalb wird man vermuten können, daß Zeitlichkeit und Temporalität nicht zwei verschiedene Zeiten und noch nicht einmal zwei verschiedene Zeitformen sind. Es sind, und auch darüber gibt die Grundprobleme-Vorlesung Aufschluß, zwei verschiedene Erfahrungsweisen der Zeit, die Heidegger hier unterscheidet; in diesem Sinne spricht er von »der Zeitlichkeit des Daseins [...] hinsichtlich ihrer temporalen Funktion« (GA 24, 465).

Die systematische Absicht, die sich in diesen Differenzierungen ausspricht, bleibt fürs erste gewiß noch dunkel. Doch eines läßt sich jetzt schon sagen: Das Unternehmen, an das Heidegger sich macht, zielt nicht mehr darauf, die Philosophie als »Hermeneutik der Faktizität« durchzuführen, das heißt mit der Rückfrage in den Anfang die Ausdrucks- und Beschreibungsfunktion der Philosophie zurückzugewinnen und die Grundstruktur des Daseins freizulegen. Diese Freilegung, die jetzt »Fundamentalanalyse des Daseins« heißt, ist »vorbereitend«, und zwar vorbereitend für die im zweiten Teil durchzuführende Destruktion der Überlieferung. Die Rede vom »vorbereitenden« Charakter der Fundamentalanalyse ist zweideutig: Einmal ist die Fundamentalanalyse »nur vorbereitend«, also noch nicht das, worauf es eigentlich ankommt; zum anderen aber ist das, worauf es eigentlich ankommt, ohne die den Boden erst bereitende Fundamentalanalyse des Daseins nicht zu haben.

Die Unterscheidung zwischen einer vorbereitenden Fundamentalanalyse des Daseins und der Destruktion wirkt sich auf das Verständnis der Destruktion aus: Die Destruktion führt zwar immer noch auf Aristoteles hin, dem der letzte Abschnitt des zweiten Teils gewidmet sein sollte; sie führt dorthin von Kant über Descartes, der seinerseits auf die »mittelalterliche Ontologie« bezogen wird. Seinem Modell einer rückläufigen Geschichte der Philosophie, das auch die Projektskizze bestimmte, bleibt Heidegger treu. Doch Aristoteles ist offenbar nicht mehr der Anfang, in den man nur zurückfragen muß, um sich aus dem Schattenreich der überlieferten Begriffe und Denkweisen zu befreien: Die Abhandlung des Aristoteles über die Zeit (Physik, IV. Buch) wird als »Diskrimen der phänomenalen Basis und der Grenzen der antiken Ontologie« bezeichnet; diese Abhandlung bildet also die »Scheidelinie«, an der die Grenzen der antiken Ontologie ebenso hervortreten wie ihre eigentümliche »phänomenale Basis«, also das, was der antiken Ontologie überhaupt in den Blick gekommen ist; die Emphase, mit der Heidegger sich in der Projektskizze auf Aristoteles bezog, ist radikal zurückgenommen. Aristoteles selbst fällt nun der Destruktion anheim.

Es ist eine Ironie des Schicksals, daß Heidegger die Voraussetzungen für die veränderte Einschätzung des Aristoteles niemand anderem als Aristoteles verdankt. Ihre ersten Spuren finden sich schon in der Projektskizze, der wir uns deshalb noch einmal zuwenden müssen. Damit verschaffen wir uns auch die Möglichkeit, die Untersuchungen von *Sein und Zeit* besser zu verstehen, als wenn wir uns unmittelbar mit ihnen konfrontieren würden. Wir sind dann nicht mit einem hieratischen Block von Bestimmungen konfrontiert, sondern imstande, Heidegger dabei zuzusehen, wie er seine Bestimmungen allmählich entwickelt.

Die Hinweise auf die geplante Aristoteles-Interpretation, wie Heidegger sie in der Projektskizze gibt, folgen präzise der Fragerichtung, die mit dem Konzept der Destruktion vorgegeben ist: Wenn die Philosophie wesentlich Ausdruck und Beschreibung des Daseins ist, so muß die Philosophie, die sich noch nicht im Schattenreich der Überlieferung bewegen kann, weil sie der Anfang der Überlieferung ist, Ausdruck und Beschreibung des Daseins sein.

Heidegger hat es nicht schwer, bei Aristoteles Zeugnisse für den Ausdruck und die Beschreibung des Daseins zu finden. Er findet sie vor allem im sechsten Buch der *Nikomachischen Ethik,* dessen für Heidegger wichtige Erörterungen mit dem folgenden Satz beginnen (EN 1139b 1518)[13]: »Es seien aber diese [Haltungen], durch die die Seele im Zu- oder Absprechen das Wahre trifft, fünf an der Zahl: Die Fähigkeit, etwas herzustellen, die Wissenschaft, die praktische Klugheit, die Weisheit, das Vernehmen; in der Annahme und der Meinung nämlich kann sie sich auch täuschen.« Aristoteles nennt fünf Formen des Wissens und gibt zugleich auch an, weshalb sie Formen des Wissens genannt werden können: Wer in einer dieser Formen oder mehreren von ihnen wirklich zu Hause ist, wird dann, wenn er über die Dinge redet, mit denen er sich auskennt, nichts Falsches sagen; er wird vielmehr einer Sache eine bestimmte Eigenschaft richtigerweise zusprechen oder absprechen. Äußert demgegenüber jemand eine Meinung oder eine Annahme, so rechnen wir von vornherein damit, daß das Gesagte auch unzutreffend sein kann.

Heidegger übersetzt den Aristotelischen Satz nun wie folgt:

»Es seien also der Weisen, in denen die Seele Seiendes als unverhülltes in Verwahrung bringt und nimmt – und das in der Vollzugsart des zu- und absprechenden Explizierens –, fünf angesetzt: verrichtend-herstellendes Verfahren, hinsehend-besprechend-ausweisendes Bestimmen, fürsorgliches Sichumsehen (Umsicht), eigentlich-sehendes Verstehen, reines Vernehmen. (Nur diese kommen in Frage); denn im Sinne der Dafürnahme und des ›eine Ansicht Habens‹ liegt es, daß sie nicht notwendig das Seiende als unverhülltes geben, sondern so, daß das Vermeinte nur so aussieht *als,* daß es, sich vor das Seiende schiebend, täuscht.« (PA, 255)

Man hat es hier mit einem frühen Beispiel für jene berühmt-berüchtigten Übersetzungen Heideggers zu tun, die von den Philologen oft nur mit Kopfschütteln zur Kenntnis genommen werden. Dabei haben die Philologen dann recht, wenn sie mit ihrem Kopfschütteln zu verstehen geben wollen, daß sich derart wohl keine Übersetzung erstellen ließe, die anstelle des Originals gelesen werden könnte. Doch das ist nicht Heideggers Ziel. Von seinen Übersetzungen sagt er in der Projektskizze selbst, sie seien »aus der konkreten Interpretation erwachsen« und enthielten »diese gleichsam in nuce« (PA, 252). Heideggers Übersetzungen sind Interpretationen und wollen es auch sein; sie sind Interpretationen, die oft genug überzeichnen oder, wie Heidegger selbst es nennt, »überhellen« (PA, 252), um am Text klar hervortreten zu lassen, was dieser von sich aus nicht ohne weiteres sagt.

Sieht man Heideggers »Überhellungen« genauer an, so ist als erstes festzuhalten, daß die – nach meiner Übersetzung – Aristotelische Formulierung »im Zu- und Absprechen die Wahrheit treffen« in zwei voneinander unterschiedene Momente differenziert wird: »Seiendes als unverhülltes in Verwahrung bringen und nehmen – und das in der Vollzugsart des zu- und absprechenden Explizierens«. Seiendes läßt sich dieser Lesart zufolge auch »in Verwahrung bringen und nehmen«, ohne daß dies in der »Vollzugsart« des Explizierens geschieht. Die »Vollzugsart« des Zu- und Absprechens erklärt und erläutert nur das, was nicht primär sprachlich vollzogen wird. Diese Unterscheidung zwischen den Formen des Wissens und ihrer sprachlichen Artikulation macht Heidegger in *Sein und Zeit* fruchtbar. Bei der Erörterung der »Uneigentlichkeit« wird auf sie zurückzukommen sein.

Doch zunächst interessiert sich Heidegger vor allem für die praktische Klugheit (phrónesis) und die Weisheit (sophía), die wiederum beide mit dem Vernehmen (noûs) in Zusammenhang stehen. Die Bestimmung des Verhältnisses von Phronesis und Sophia ist eine der wichtigsten Entdeckungen des Aristoteles. Mit ihr hat dieser nichts weniger entdeckt als die Entsprechung zwischen dem Wissen, das im alltäglichen Handeln leitend ist, und der Philosophie. Heidegger greift diese Entdeckung auf, wobei es zu der bereits angekündigten Veränderung seines Programms der Destruktion kommt. Um diese Veränderung zu verstehen, ist es erforderlich, sich die Aristotelische Entdeckung klarzumachen.

Die Phronesis besteht nach Aristoteles darin, mit sich über das für einen selbst Gute und Zuträgliche zu Rate zu gehen, und zwar nicht nur im Hinblick auf einen bestimmten Aspekt des Lebens, sondern im Hinblick auf das gute Leben im ganzen. (EN 1140a 26-28) Phronesis haben heißt, zu wissen, wie man sein Leben gut führt, und zwar so, daß man jeweils weiß, wie zu handeln ist.

Phronesis ist kein Reflektieren über das Handeln, sondern die Verständigkeit, die sich im Handeln selbst zeigt.

Die Verständigkeit oder Klugheit der Phronesis muß nun dadurch charakterisiert sein, daß die Notwendigkeit des Handelns im Sinne eines guten Lebens in ihr durchweg gegenwärtig ist. Die Gegenwärtigkeit dessen, um dessentwillen man letztlich mit sich zu Rate geht, gibt den einzelnen Überlegungen und Entscheidungen ihren Sinn und hält sie in Gang. Die Gegenwärtigkeit dessen, um dessentwillen man letztlich mit sich zu Rate geht und einzelne Entscheidungen trifft, kann nicht von derselben Art sein wie die Kenntnis dessen, was im einzelnen zu tun und zu lassen ist: Diese Kenntnis erwirbt man durch Erfahrung. Doch die Gegenwärtigkeit des Sinns von Überlegungen und Entscheidungen ist unmittelbar; dieser Sinn wird einfachhin vernommen, so daß in der Phronesis der Nous, das reine Vernehmen, spielt.

Genauer gesagt ist es allerdings etwas, was dem reinen Vernehmen nur entspricht; reines Vernehmen, das ohne Einschränkung so bezeichnet werden kann, gibt es für Aristoteles nur in der Philosophie. Wenn man so will, besteht die Strategie des Aristoteles in der *Nikomachischen Ethik* darin, das im alltäglichen Handeln herrschende und leitende Wissen dadurch aufzuwerten, daß er seine Entsprechung mit dem philosophischen Wissen deutlich macht, ohne es mit diesem Wissen zu identifizieren. Die Strategie besteht darin, das Philosophieren trotz seiner »Abgehobenheit« auf das Leben zu beziehen.

Das Wissen der Philosophie, wie es von Aristoteles vor allem in den Abhandlungen entfaltet wird, die späterhin den Titel *Metaphysik* erhalten haben, hat zu seinem Gegenstand das Seiende, sofern es Seiendes ist. (Met. 1003a 21) Die Seiendheit, wie man das für Aristoteles hier zentrale Wort, »ousía«, übersetzen kann, ist darum auch das, was im philosophischen Wissen immer schon gegenwärtig sein muß, damit die Philosophie überhaupt vollzogen werden kann. Die Seiendheit ist das, was im philosophischen Wissen unmittelbar erfahren wird und um dessen Artikulation die Philosophie sich wesentlich bemüht. Philosophisches Wissen ist derart ein Zusammenspiel von Vernehmen und Wissenschaft, von Nous und Episteme. (EN 1141a 16-20)

Aber nicht nur, daß in der Phronesis wie in der Sophia der Nous wirksam ist, macht für Aristoteles ihre Gemeinsamkeit aus. Beiden ist außerdem eine vergleichbare Wirklichkeit eigen. In der Phronesis ist man zwar einerseits mit jeweils bestimmten Handlungsmöglichkeiten konfrontiert, zwischen denen es jeweils zu wählen und von denen es jeweils eine zu ergreifen gilt; insofern betrifft die Phronesis jeweiliges, begrenztes Handeln, das einen Anfang und ein Ende hat. Aber die jeweiligen Handlungen machen das gute Leben nicht aus. Im Sinne eines guten Lebens kommt es vielmehr darauf an, die Phronesis als eine Lebenshaltung auszuprägen, die fortwährend wirklich ist; die Phronesis ist dann die durch artikulierte Verständigkeit charakterisierte, fortwährende Wirklichkeit der Seele. (EN 1098a 7) Fortwährende Wirklichkeit in diesem Sinne ist auch das Philosophieren, jedoch derart, daß die fortwährende Wirklichkeit hier nicht im Bereich dessen spielt, was auch anders sein kann. Das Philosophieren ist dem alltäglichen Leben enthoben, es wird rein um seiner selbst willen vollzogen und richtet sich auf das, was die Welt im ganzen in ihrer Seiendheit ausmacht.

Es gehört zu den wichtigsten Einsichten Heideggers, daß er aus den Aristotelischen Bestimmungen der Phronesis und der Sophia den ihnen gemeinsamen Grundcharakter der Bewegtheit herausgesehen hat: Phronesis und Sophia sind Formen der Bewegtheit des Lebens. In der Entdeckung des »zentralen Phänomens« der Bewegtheit liegt für Heidegger der »prinzipielle neue Grundansatz« (PA, 251) der Aristotelischen Philosophie. Doch Heidegger deutet Aristoteles nicht nur, er deutet ihn auch um:

Heidegger akzentuiert das Verhältnis von Phronesis und Sophia radikal anders als Aristoteles und bereitet so die Destruktion des Aristoteles vor. Indem man sich diese radikale Umakzentuierung plausibel macht, versteht man den Ansatz des Heideggerschen Projektes zu *Sein und Zeit*.

Daraus, daß auch in der Phronesis der Nous wirksam ist, hatte Aristoteles keineswegs geschlossen, die Phronesis habe es letztlich mit demselben Phänomen zu tun wie die Sophia; nur weil sich in Phronesis und Sophia bei aller Gemeinsamkeit Verschiedenes zeigt, ist die Aristotelische Unterscheidung von praktischer und theoretischer Philosophie sinnvoll. Das wird bei Heidegger anders. Die Phronesis, so sagt er, »bringt das Worauf des Umgangs menschlichen Lebens mit ihm selbst und das Wie dieses Umgangs in seinem eigenen Sein in Verwahrung« (PA, 259). Das aber heißt, mit dem dann in *Sein und Zeit* gebrauchten Terminus gesagt: Die Phronesis ist selbst ein »Seinsverständnis«. Das ist sie als ein Verstehen des menschlichen Lebens, dem die einzelnen Überlegungen und Entscheidungen des Handelns letztlich gelten.

Mit diesem Zug ist der weitere Fortgang der Partie vorgezeichnet: Heidegger muß nur noch zeigen, daß Aristoteles selbst, in den ersten beiden Kapiteln des ersten Buches der *Metaphysik*, das theoretische Philosophieren in seiner Entwicklung aus dem praktischen Wissen verständlich macht, um die Priorität des praktischen Wissens behaupten zu können. Er muß dann nur noch den Schluß ziehen, daß das Sein des menschlichen Lebens, wie es Aristoteles in der *Nikomachischen Ethik* faßt, nicht mehr so bestimmt ist, wie es sich »zunächst« zeigt, sondern in der Orientierung an den entwickelten Bestimmungen der theoretischen Philosophie begriffen wird. Die in diesem Zusammenhang entscheidenden Sätze der Projektskizze lauten:

»In der Umsicht [das ist, wie man sich erinnern muß, Heideggers Übersetzung für phrónesis] ist das Leben da im konkreten Wie eines Womit des Umgangs. Das Sein dieses Womit ist aber – und das ist entscheidend – nicht positiv hieraus ontologisch charakterisiert, sondern nur formal als solches, das auch anders sein kann, nicht notwendig und immer ist, wie es ist. Diese ontologische Charakteristik ist vollzogen im *negierenden* Gegenhalt gegen anderes und *eigentliches* Sein. Dieses ist seinerseits dem Grundcharakter nach nicht aus dem Sein des menschlichen Lebens als solchen explikativ gewonnen, sondern es entspringt in seiner kategorialen Struktur aus einer bestimmt *vollzogenen, ontologischen Radikalisierung der Idee des Bewegtseienden.*« (PA, 260)

Das heißt: Das praktische Wissen wird bei Aristoteles nur negativ bestimmt, weil es mit dem Möglichen und nicht mit dem Wirklichen zu tun hat – mit dem, was im Umgang begegnet, und nicht mit dem, was ist und nur ist. »Sein«, so sagt Heidegger zur Erläuterung dieses Gedankens, ist bei Aristoteles »Fertigsein, das Sein, in dem die Bewegung zu ihrem Ende gekommen ist« (PA, 260). An diesem Gedanken des Fertigseins orientiert sich Aristoteles, wenn er auch das menschliche Leben da in den Blick nimmt, wo es »hinsichtlich seiner eigensten Bewegungsmöglichkeit [...] zu [...] [seinem] Ende gekommen ist« (PA, 260), und zwar in der reinen fortwährenden, nicht mehr verschiedenen Möglichkeiten unterworfenen Bewegtheit des »reinen Vernehmens« (PA, 260).

Erinnert man sich an dieser Stelle noch einmal an die Aristotelische Bestimmung des Verhältnisses von Phronesis und Sophia, so wird noch deutlicher, worin der entscheidende Zug Heideggers in seiner Aristoteles-Interpretation besteht: Aristoteles erkennt der Sophia einen höheren Rang zu als der Phronesis, weil in der Sophia das, was in der Phronesis nur unvollkommen ausgeprägt ist, rein und vollkommen zur Geltung kommt: das Vernehmen eines Fortwährenden. Aristoteles folgt so gesehen bei seiner Darstellung der Ausprägungen des Wissens am Anfang der *Metaphysik* einer »Entwicklungslogik«, der zufolge es das Resultat ist, von dem aus man die Genese zu begreifen und zu beurteilen hat; darin ist ihm sein in neuerer Zeit bedeutendster Schüler – Hegel – treu geblieben. Heidegger folgt demgegenüber seiner »Ursprungslogik«, indem er sich an der ursprünglichen Form des Wissens vom Leben und der Lebendigkeit orientiert und die entwickelte Form der theoretischen Philosophie auf die ursprüngliche der praktischen Philosophie zurückbezieht. Die praktische Philosophie ist auch die eigentlich theoretische.

Diese rückläufige Denkbewegung bestimmt auch hier das Programm der Destruktion. Aber jetzt führt die Ursprungslogik hinter den zunächst angenommenen Anfang zurück. In seiner Aristoteles-Interpretation gewinnt Heidegger mit der Phronesis einen Anfang, auf den man sich nicht mehr in »historischer Erkenntnis« richten kann: den Anfang des alltäglichen »Seinsverständnisses«. Die historisch destruktive Hermeneutik der Faktizität wird zu einer »Fundamentalanalyse des Daseins«, und zwar des nichtphilosophischen oder »vorontologischen« Daseins. Aus ihm soll sich dann die Möglichkeit der Philosophie verständlich machen lassen; im Ansatz hat das vorontologische Dasein bereits das »Seinsverständnis«, das sich dann in der Philosophie ausbildet – und es hat dieses Verständnis *ursprünglicher.*

Die Fundamentalanalyse des nichtphilosophischen Daseins ist in systematischer Hinsicht die wirkungsgeschichtlich folgenreichste Leistung Heideggers; und dennoch ist sie »eine Verunglückung«. Sie bringt das Programm der Destruktion in die größten Schwierigkeiten.

Fundamentalanalyse des Daseins

Fundamental ist die Analyse des Daseins für Heidegger in mehrfacher Hinsicht: Zum einen ist es ihr darum zu tun, die »Fundamentalstrukturen des Daseins« (GA 2, 28/21) herauszuarbeiten. Darin erkennt man die frühere Rede von den »Grundstrukturen« der Subjektivität oder des Lebens wieder; es sollen diejenigen Momente des Daseins herausgearbeitet werden, die das »Da«, also die für uns eigentümliche Weise zu sein, ausmachen.

Fundamental ist die Analyse des Daseins aber auch darin, daß sie sich in der Durchführung selbst begründet: Die Analyse des Daseins wird im Dasein vollzogen; indem sie vollzogen wird, deckt sie ihre eigene Möglichkeit auf, das heißt, sie erweist dasjenige, was sie freilegt, als ihr eigenes »Fundament«.

Fundamental ist die Analyse des Daseins weiterhin darin, daß sie den Grund von Wissenschaft und Philosophie überhaupt freilegt, denn »Wissenschaften sind Seinsweisen des Daseins, in denen es sich auch zu Seiendem verhält, das es nicht selbst zu sein braucht« (GA 2, 17/13). Und wenn die Philosophie spätestens seit Aristoteles ihre eigene Bestimmtheit in der Bestimmung der »Seiendheit« gewinnt, so kann sie in ihrem Vollzug nur aus den Fundamentalstrukturen des Daseins verstanden werden: Ursprünglich ist das vorphilosophische Dasein durch Seinsverständnis charakterisiert.

Fundamental ist die Analyse des Daseins schließlich, sofern sie mit der Aufdeckung des Fundaments aller Philosophie zugleich die Philosophie über sich zur Klarheit bringt und so erst in durchsichtiger Form ausbildet. Die Analyse des Daseins hat den Charakter einer »Fundamentalontologie«, einer Ontologie, die alle anderen Ontologien erst wirklich begründet. In diesem Sinne sagt Heidegger, »daß die ontologische Analytik des Daseins überhaupt die Fundamentalontologie ausmacht« (GA 2, 19/14).

Angesichts dessen ist es verwunderlich, wenn Heidegger am Ende des veröffentlichten Teils von *Sein und Zeit* sagt, die »Herausstellung der Seinsverfassung des Daseins« bleibe »nur ein Weg«, und das »Ziel« sei »die Ausarbeitung der Seinsfrage überhaupt« (GA 2, 575/436). Die Rede von einer »Seinsfrage überhaupt« kann nicht darauf abzielen, in allen überlieferten Ontologien immer nur die Struktur des Daseins aufzufinden und zu versichern, daß alle Ontologien schließlich als Artikulationen im Dasein begriffen werden müßten. Vielmehr müssen die überlieferten ontologischen Konzepte daraufhin befragt werden, was ihre ontologische Eigenart ausmacht: Mit der »Seinsfrage überhaupt« meldet sich die Eigenart der Sophia gegenüber der Phronesis. Heidegger rührt hier an die Frage, ob das philosophische Denken in seiner Eigenart hinreichend zu begreifen ist, wenn man seine Genese aus dem praktischen Wissen – dem nichtphilosophischen Dasein – bedenkt. Er läßt dabei einen ersten Zweifel aufkommen, ob die Destruktion der überlieferten Philosophie auf den Anfang des Daseins in seinem Seinsverständnis eigentlich durchführbar ist. Heidegger rührt an die Frage, ob der zweite Teil seines Projektes sich aufgrund des ersten eigentlich ausarbeiten läßt. Der zweite Teil wurde als solcher nie publiziert.

Bevor man jedoch verstehen kann, wieso das Projekt über Sein und Zeit sich nicht durchführen ließ, muß man sich die »Fundamentalstruktur des Daseins« vor Augen führen. Es wird sich zeigen, daß Heidegger bestrebt ist, alle Momente des Daseins, die er herausarbeitet, in die Struktur einer dreifachen Gliederung einzuschreiben. Darin scheint bereits das vorläufige Ziel der Fundamentalanalyse des Daseins durch, nämlich »die Interpretation des Daseins auf die Zeitlichkeit«. Die dreifache Gliederung aller Strukturmomente spiegelt die dreifache Gliederung der Zeitlichkeit in Gewesenheit, Gegenwart und Zukunft.

Dasein in einer Welt

Wir wissen bereits, daß »Dasein« bei Heidegger ein Wort für unsere Weise zu sein ist, und wir wissen auch, daß zu dieser Seinsweise wesentlich »Seinsverständnis« gehört. Auch von dem, was »Seinsverständnis« hier heißen soll, haben wir bereits eine Vorstellung bekommen: Mit diesem Begriff zeigt Heidegger die ontologische Aufwertung des praktischen Wissens an. Das praktische Wissen bei Aristoteles ist immer auch ein unmittelbares Wissen von der Notwendigkeit, das Leben handelnd zu führen; es ist ein unmittelbares Wissen vom eigenen Leben – für Heidegger vom eigenen Sein.

In der Daseinsanalyse von *Sein und Zeit* ist nun dieser Gedanke im einzelnen ausgearbeitet und dabei beträchtlich verfeinert. Um diese Verfeinerung in ihren Grundzügen zu entwickeln[14], beginne ich mit einer Beobachtung, die noch ganz aristotelisch ist: Um überlegen und entscheiden zu können, wie man handeln will, muß man mit allem, dessen man sich handelnd bedient, bekannt sein, und man muß wissen, wie sich auf die Dinge, mit denen man es zu tun hat, Einfluß nehmen läßt, sofern das für eine bestimmte Handlung erforderlich ist. Zum Handeln gehören also ein Gebrauchswissen und ein Veränderungs- oder Herstellungswissen.

Wo Heidegger diesen Gedanken aufnimmt, konzentriert er sich auf die Beschreibung des Gebrauchswissens und der im Gebrauchswissen begegnenden Dinge, die er »Zeug« nennt. Das hat bereits eine Pointe, die sich gegen die entsprechenden Beschreibungen bei Aristoteles richtet: Die Aristotelischen Beschreibungen sind nicht am Gebrauchswissen, sondern am Herstellungswissen orientiert. Wenn Aristoteles etwa das Wissen und die Tätigkeit eines Handwerkers beschreibt, so kommt es ihm darauf an, daß dieses Wissen sich im Resultat der Tätigkeit, ihrem Werk (érgon), zeigt. Und auch die Werkzeuge, die zur Verfertigung des Werkes dienen, kommen nur unter dem Gesichtspunkt ihrer Tauglichkeit zur Verfertigung dieses Werks in den Blick. Die Aufmerksamkeit Heideggers gilt demgegenüber dem Wissen des

Handwerkers, mit seinen Werkzeugen umzugehen, und das ist der Sache auch angemessen: Die Veränderung oder Herstellung von etwas ist in der Regel dem Gebrauch unterstellt; wer etwas herstellt, stellt es in der Regel für den Gebrauch her.

Betrachtet man das Gebrauchswissen genauer, so zeigt sich, daß es niemals nur Wissen vom Gebrauch einer isolierten Sache ist: Jedes Handwerkszeug gehört in einen Zusammenhang – erst Schreibtisch, Lampe, Bücherregal, Schreibzeug und noch einiges mehr machen einen Arbeitsplatz aus. Gebrauchswissen ist also immer Wissen von einem *Zusammenhang,* und es ist entscheidend, daß dieser Zusammenhang bei irgendwelchen Verrichtungen nicht in der Aufmerksamkeit steht: Beim Schreiben denkt man nicht an den Füllfederhalter, und zum Schreiben gehört vieles dazu, dessen man sich im Augenblick noch nicht einmal bedient; die Tinte zum Nachfüllen des Füllers steht die meiste Zeit unbenutzt herum. Das Gebrauchswissen besteht also nicht in der Kenntnis vereinzelter Dinge, und es bezieht sich auch nicht nur auf das, womit man jeweils wirklich umgeht. Gebrauchswissen ist die Vertrautheit mit einem Zusammenhang.

Aber auch die Vertrautheit mit einem bestimmten Zusammenhang steht nicht isoliert. Alltäglich sind wir vielmehr mit vielen bestimmten Zusammenhängen vertraut, und zwar derart, daß sie meist gar nicht auffallen. Sie sind uns selbstverständlich. Ihre Selbstverständlichkeit besteht jedoch nicht nur darin, daß wir uns in ihnen auskennen und in der Regel problemlos mit diesem oder jenem »Zeug« umgehen können. Ihre Selbstverständlichkeit besteht auch darin, daß wir uns in den verschiedenen Zusammenhängen des Alltags selbst verstehen: Im Umgang mit bestimmten Dingen in einem Zusammenhang können wir auf eine bestimmte Weise sein, und diese Dinge sind uns wichtig, *weil* wir im Umgang mit ihnen auf eine bestimmte Weise sein können. Berücksichtigt man, daß diese Dinge immer in einen Zusammenhang gehören, so ist es letztlich nicht der Umgang, in dem wir in bestimmter Weise sein können, sondern der Zusammenhang, in den sie gehören. Und berücksichtigt man, daß uns viele bestimmte Zusammenhänge vertraut oder selbstverständlich sind, so ist es der Zusammenhang dieser Zusammenhänge, in dem wir in bestimmter Weise sein können.

Diesen in einzelne Zusammenhänge differenzierbaren Zusammenhang der Vertrautheit mit den Dingen, in dem wir auf bestimmte Weise sein können, nennt Heidegger »Welt«. Und da wir nicht anders als in der Welt sein können, ist klar, daß Dasein und Welt zusammengehören: Dasein ist immer In-der-Welt-sein.

Die Bestimmung dessen, wie wir sein wollen, vollziehen wir im Handeln, und das Handeln wird, wenn man der Heideggerschen Analyse folgt, immer im Zusammenhang der Welt vollzogen. Sofern dieser Zusammenhang ein bestimmter ist, liegen die Möglichkeiten unseres Handelns zwar immer schon fest; nichtsdestoweniger müssen wir auch sagen, daß der Zusammenhang der Welt der *Freiraum* unseres Handelns ist. Der Freiraum unseres Handelns ist die Welt dadurch, daß sie verschiedene Handlungsmöglichkeiten im Umgang mit den Dingen für uns gleichsam bereithält. Wenn die Welt derart ein Möglichkeitsraum ist, dann sind wir nicht primär in der Welt, indem wir jeweils eine dieser Möglichkeiten ergreifen; immer gibt es sehr viel mehr Möglichkeiten, als wir im Augenblick realisieren: Indem wir vieles nicht tun, mit vielem nicht umgehen, bleibt uns die Möglichkeit des Umgangs offen. Es hat mit dem, was wir derart auf sich beruhen lassen, insofern »seine Bewandtnis«, als es für uns gerade darin von Belang ist, daß wir es mit ihm »bewenden lassen«. Diese beiden Aspekte: daß etwas von Belang ist, sofern es mit ihm »sein Bewenden« hat, faßt Heidegger zusammen, indem er die Welt einen »Bewandtniszusammenhang« nennt. Als Bewandtniszusammenhang wiederum ist die Welt für uns »bedeutsam«, und zwar darin, daß wir in ihr sein und dann auch handeln können. »Bewandtnis« und »Bedeutsamkeit« sind die Grundbestimmungen der Welt.

Vergegenwärtigt man sich noch einmal, daß das, womit wir jeweils wirklich umgehen, immer im Zusammenhang mit solchem steht, das wir auf sich beruhen lassen und das gerade darin, daß wir es auf sich beruhen lassen, unsere Welt mit ausmacht, dann kann man sagen, daß wir in der Welt nicht nur in bestimmter Weise sind, sondern in dieser Bestimmtheit auch eine Unbestimmtheit spielt: Das, was wir auf sich beruhen lassen, können wir niemals vollständig in unsere Aufmerksamkeit bringen. Es ist unendlich viel, zumal es viele Möglichkeiten gibt, auf etwas aufmerksam zu sein, und wir bei jeder dieser Möglichkeiten auf dasselbe in anderen Hinsichten nicht aufmerksam sind; in unendlich vielen und darin unbestimmten Hinsichten läßt man es auf sich beruhen. Der Freiraum der Welt, den wir erfahren, indem wir auf Bestimmtes aufmerksam sind, ist so gesehen das Unbestimmte und Unausdrückliche. Wäre es anders, könnten wir auf etwas gar nicht eigens aufmerksam werden, wir könnten es nicht, wie Heidegger das nennt, als Bestimmtes »entdecken«. Da wir aber so, wie wir sind, in der Welt sind, sind wir nicht nur als Bestimmte, sondern auch selbst unbestimmt. Die Unbestimmtheit der Welt ist unsere eigene Unbestimmtheit, und da die Welt der Freiraum unseres Handelns ist, macht die Unbestimmtheit der Welt unsere Freiheit aus. Heidegger hat in der Daseinsanalyse von *Sein und Zeit* einen Freiheitsbegriff herausgearbeitet, der dem Begriff der Handlungsfreiheit (Aristoteles) und dem Begriff der Willensfreiheit (Kant) insofern überlegen ist, als er Handlungsfreiheit und Willensfreiheit in ihrem Zusammenhang erst verständlich macht.

Mit den bisherigen Erläuterungen ist die Heideggersche Analyse des In-der-Welt-seins jedoch noch nicht erschöpft. Die meisten unserer Tätigkeiten sind auch darum nicht isoliert denkbar, weil sie wesentlich auf andere Menschen bezogen sind. Was wir tun, tun wir oft um anderer willen, und selbst wenn das nicht so ist, sind unsere Tätigkeiten zumeist nur möglich, weil sie zu den Tätigkeiten anderer passen, indem sie diese ergänzen, unterstützen oder sogar erst freisetzen. Welt ist gemäß der Heideggerschen Daseinsanalyse wesentlich »Mitwelt«. Auch die Mitwelt bietet als solche natürlich einen Freiraum mannigfacher Möglichkeiten, für- oder gegeneinander »da« zu sein.

Der genannte Aspekt der Mitwelt ist für Heidegger jedoch nicht der wichtigste. Am wichtigsten ist vielmehr, daß die anderen eine wesentliche Rolle dafür spielen, wie wir als Bestimmte sein können und sein wollen: Niemand erfindet das, was er ist und tut, gänzlich neu, sondern orientiert sich dabei immer an Seins- und Handlungsmöglichkeiten, die bereits von anderen realisiert worden sind. Und nicht nur das: In der Wahl dessen, wie wir sein und handeln wollen, sind wir auch insofern voneinander abhängig, als wir unsere Seins- und Handlungsmöglichkeiten beurteilen. Auch zu dieser Beschreibung hat Heidegger sich wohl von Aristoteles anregen lassen; dieser bestimmt in der *Nikomachischen Ethik* als das Ziel des »politischen« Lebens – und das heißt hier: des gemeinschaftlichen Lebens überhaupt – die Ehre, also im Ansehen anderer stehen zu wollen. (EN 1095b 22-30) Aristoteles macht bereits auf die Unselbständigkeit aufmerksam, die in dieser Bezogenheit auf andere liegt: Das Ansehen bei den anderen kann eigentlich nicht das Ziel sein, weil es nur durch die eigene gute Lebensführung zustande kommt, wo es zu Recht besteht. Doch Heidegger faßt diesen Punkt noch radikaler. Bereits dadurch, daß man in einer bestimmten Weise sein Leben führt, ist man von den anderen abhängig, weil man nur durch sie die Möglichkeiten, in einer bestimmten Weise zu sein, kennt; erst recht aber ist man abhängig von ihnen dadurch, daß man wenigstens zunächst nicht umhin kann, sich an ihren Einschätzungen und Bewertungen zu orientieren. Das gilt für den Opportunisten ebenso wie für den Oppositionellen; beide sind zwar auf verschiedene Weise, aber letztlich doch gleichermaßen abhängig.

Sofern die Mitwelt bestimmte Möglichkeiten, zu sein und zu handeln, prägt, ist sie der Bereich der Unfreiheit: Sie ist der Bereich der Bestimmtheit, der uns zwar verschiedene Alternativen läßt, uns an diesem oder jenem bestimmten, bereits realisierten Verhalten zu orientieren, aber doch die Frage, wie wir sein wollen, niemals radikal freisetzt. Jede alltägliche Entscheidung spielt bereits in vorgezeichneten Bahnen, und sie spielt immer schon im Rahmen bestimmter Bewegungen. Weil die Mitwelt als Ganzes das Verhalten und die verschiedenen Möglichkeiten, in denen wir uns verhalten können, vorschreibt und das nicht notwendigerweise durch bestimmte Personen geschehen muß, ist die Unfreiheit der Mitwelt auf eigentümliche Weise anonym. Heidegger bezeichnet sie deshalb mit einer berühmt gewordenen Prägung als »das Man«. Er denkt hier an die jedem vertrauten Sätze, denen zufolge »man« etwas tut oder nicht tut.

Alles, was in *Sein und Zeit* zum »Man« gesagt wird, bleibt unverständlich, wenn man hier in erster Linie an eine Kulturkritik denkt. Zwar finden sich in den Heideggerschen Beschreibungen Momente, die mit der Rede von der »flächigen Breite« des »modernen« Lebens in der Habilitationsschrift bereits angeklungen waren. Aber das sind höchstens Obertöne; mit dem systematischen Anspruch von *Sein und Zeit* tritt die Orientierung am jeweiligen »Heute« merklich zurück. Das Zurücktreten der Bezugnahme auf eine geschichtliche Gegenwart macht einen Teil der »Verunglückung« des Projektes aus.

Heideggers Beschreibung der Mitwelt erinnert natürlich an sein Verständnis der Überlieferung in der Projektskizze: Aus dem Schattenreich der Begriffe und Denkweisen ist nun das Schatten-

reich der alltäglichen Einschätzungen und Beurteilungen geworden. Orientiert man sich an dieser Parallele, so zeichnet sich auch
bereits ab, daß die der Unfreiheit des »Man« entsprechende Freiheit nicht darin bestehen kann, »außerhalb« des »Man« sein zu
wollen; das ist genausowenig möglich wie der Versuch, die Tradition einfach abzustreifen. Vielmehr kommt es darauf an, analog
zur Bewegung der Destruktion, die bestimmte und bestimmende
Mitwelt durchsichtig zu machen und zu ihrem Ursprung zurück-
zugehen. Der bestimmende Charakter der Mitwelt aber entspringt aus der Unbestimmtheit des Daseins selbst; er entspringt
daraus, daß sich für uns die Frage, wie wir sein wollen, überhaupt
stellen kann und wir auf diese Frage keine ein für allemal ver-
bindliche Antwort haben. Die Unbestimmtheit des Daseins wird
im Dasein als bedrohlich erlebt, sofern sie sich niemals vollkommen in Bestimmtheit übersetzen läßt und so auch jede Bestimmtheit relativiert. Die ausdrückliche Erfahrung dieser Unbestimmtheit ist gleichbedeutend mit der »eigentlichen« Erfahrung des
Daseins. Auf die Unbestimmtheit des Daseins hin muß darum
auch die scheinhafte Bestimmtheit der Mitwelt durchsichtig gemacht werden, damit die Bestimmtheit als begrenzt durch die
Unbestimmtheit eingesehen wird, so daß man nun auch die anderen »freigibt«, statt sie für die Stabilität der eigenen Lebens-
deutung zu überfordern.

Was mit der Rede von der Unbestimmtheit des Daseins gemeint sein soll, ist schon klar geworden: Wir sind in unserem Sein
unbestimmt, sofern wir das, was in die Welt gehört, immer auch
auf sich beruhen lassen. Unbestimmt sind wir auch darin, daß wir
die Möglichkeiten des Handelns und Verhaltens niemals über-
blicken, weil es unendlich viele sind. Schließlich ist aber auch unser Verhältnis zueinander durch Unbestimmtheit charakterisiert:
Wie »bestimmt« und »bestimmend« wir einander auch immer erfahren mögen – ebenso bleibt es doch wahr, daß keiner von uns

nur die Bestimmtheit ist, in der er sich gibt und gesehen wird. Diese drei Aspekte der Unbestimmtheit faßt Heidegger nun zusammen, indem er einen Begriff einführt, der den des Daseins sogar ersetzen kann: »Erschlossenheit«. Die Unbestimmtheit ist also eigentlich das »Sein« des Daseins: »Dasein«, so sagt Heidegger, »ist seine Erschlossenheit« (GA 2, 177/133).

Warum Heidegger diesen Ausdruck wählt, versteht man wohl am besten, wenn man berücksichtigt, daß er statt »Erschlossenheit« erläuternd auch »Aufgeschlossenheit« (GA 2, 101/75) sagen kann. »Aufgeschlossen« im Sinne der Umgangssprache ist man, wo man sich dem Neuen oder Unvertrauten gegenüber als offen erweist. Die Aufgeschlossenheit ist ein Möglichkeitssinn – ein Möglichkeitssinn, der sich, so wie Heidegger ihn versteht, auch dann zeigt, wenn wir uns gegen das Mögliche abschließen wollen.

Damit sind wir der terminologischen Bedeutung von »Erschlossenheit« schon recht nahegekommen. Welchen Stellenwert der Terminus bei Heidegger hat, wird vollends deutlich, wenn man beachtet, daß er in *Sein und Zeit* mit einem Hinweis auf die Aristotelische Konzeption des Nous erläutert wird. (GA 2, 177/133) Erschlossenheit ist das unmittelbare Wissen, das Vernehmen des Möglichseins. Dieses Wissen bestimmt uns nicht, wir haben es nicht, sondern wir sind es. Erschlossenheit ist Sein und unmittelbares Seinsverständnis in einem.

Das bliebe eine bloße Versicherung, wenn Heidegger nicht auch zeigen könnte, worin der »Erschlossenheit« genannte Möglichkeitssinn im einzelnen besteht. Und indem er das verdeutlicht, greift er wieder auf die bereits entwickelten drei Bestimmungen der Welt, also Bewandtnis, Bedeutsamkeit und Mitsein, zurück; er zeigt, wie der Zusammenhang der Dinge, mit denen wir umgehen können, die eigenen Möglichkeiten zu sein und unser Verhältnis zueinander jeweils in ihrer Unbestimmtheit erfahren werden.

Die drei Formen der Erschlossenheit, die Heidegger untersucht, sind »Befindlichkeit«, »Verstehen« und »Rede«. Dabei meint er mit »Befindlichkeit« in erster Linie die Weise, in der man ist, sofern man sich in Stimmungen »befindet«. In Stimmungen erfahren wir den Freiraum der Welt, sofern sie uns das, womit wir umgehen können, in seiner Offenheit für uns erfahren lassen. Besonders deutlich wird das an der Langeweile, der Heidegger in einer späteren Vorlesung eine ausführliche und eindringliche Analyse gewidmet hat (GA 29/30): Wo man sich langweilt, erfährt man das, womit man sich beschäftigen *könnte,* um so nachdrücklicher, je mehr man sich langweilt, indem man sich mit nichts beschäftigen mag. Doch auch in der sogenannten »gehobenen Stimmung« ist das grundsätzlich nicht anders: Wo einem die Dinge leicht von der Hand gehen, erfährt man die Offenheit der Welt darin, daß man frei von Beschwernissen ist. Grundsätzlich erfährt man in der Stimmung, daß man in der Offenheit der Welt ist und nicht *nicht* in der Welt sein kann. Dafür verwendet Heidegger das schon bekannte Wort »Faktizität«.

»Verstehen« ist Möglichkeitssinn in anderer Hinsicht. Worum es dabei geht, erläutert Heidegger, indem er sich zunächst wieder an einer umgangssprachlichen Bedeutung des Ausdrucks orientiert: Etwas verstehen, das kann heißen, »sich auf etwas verstehen«, »etwas können«; was man in diesem Sinne verstanden hat, damit kann man umgehen. In der terminologischen Bedeutung von »Verstehen« ist das nun verallgemeinert und zugleich in bestimmter Weise akzentuiert: Der Akzent liegt auf dem »Können«, und dann ist »Verstehen« zunächst das unmittelbare Vernehmen, das unmittelbare Kennen der Möglichkeit und der Möglichkeiten zu sein, ohne daß diese bereits im einzelnen erfaßt und daraufhin bedacht sind, welche man ergreifen will. Für das letztere hat Heidegger den Terminus »Auslegung« reserviert. Dem Verstehen, wie es in *Sein und Zeit* entwickelt wird, ist es wesentlich, daß die

Möglichkeiten zu sein »selbst nicht thematisch erfaßt« (GA 2, 193/145) sind. Die unmittelbare Kenntnis der Möglichkeiten zu sein ist vielmehr einfach die Kenntnis dessen, daß es Möglichkeiten zu sein gibt – und zwar für einen selbst: Sie schließt also ein, daß man sich selbst immer auch im Möglichsein erfährt – man erfährt im Verstehen, daß es einem bevorsteht zu sein und daß dieses Sein radikal unbestimmt ist; man weiß unmittelbar, daß man nicht weiß, wie man sein wird. Dieses unmittelbare Wissen des bevorstehenden Seins kennzeichnet Heidegger als »Entwurf«. Verstehen ist derart immer Selbstverstehen, und zwar unmittelbares Selbstverstehen ohne jede reflexive Beziehung auf sich: Indem man die Unbestimmtheit des bevorstehenden Seins erfährt, erfährt man sich, ohne über sich nachdenken zu müssen.

Es ist vielleicht verwunderlich, daß Heidegger als dritte Form der Erschlossenheit die Rede einführt: Inwiefern die Rede ein Möglichkeitssinn ist, sieht man nicht ohne weiteres. Doch man versteht es wohl, wenn Heidegger in den entsprechenden Passagen von *Sein und Zeit* unter Rede nicht den Vollzug jeweiligen Sprechens versteht, sondern die Gliederung der Sprache in die verschiedenen Möglichkeiten, sich anderen mitzuteilen und derart mit ihnen zu sein. Und liest man weiter, für die Rede sei das Hören »konstitutiv«, weil in ihm das »Offensein des Daseins als Mitsein für den Anderen« (GA 2, 217/163) liege, so ist klar, warum Heidegger die Rede als den Spielraum des Miteinanderseins verstehen kann. Dazu fügt es sich auch, daß er das Schweigen als »wesenhafte Möglichkeit des Redens« (GA 2, 218/164) herausstellt: Nur wer schweigt, kann anderen zuhören, und im – gemeinsamen – Schweigen kann sich ein Einverständnis und ein Verständnis für die Wesensart des anderen zeigen, das in der Mühle der Kommunikation gar nicht erst aufkommt.

Die Analyse der Erschlossenheit in ihren verschiedenen Formen spiegelt auch die Architektur von *Sein und Zeit* wider, indem sie einer dreifachen Gliederung unterliegt. Man sollte sich von dieser jedoch nicht dazu verführen lassen, die drei Formen der Erschlossenheit zu verselbständigen. Daß sie immer zusammengehören und nur zusammen die unmittelbare Erfahrung des eigenen Seins ausmachen, zeigt sich sofort, wenn man bedenkt, daß die Erfahrung des bevorstehenden Seins immer durch eine Stimmung gefärbt ist und so auch die Offenheit für die anderen betrifft; daran, wie man für die anderen offen ist, entscheidet sich andererseits die Einstellung zum eigenen bevorstehenden Sein. Im Dasein wird keine Form der Erschlossenheit für sich erfahren, sondern die Formen bilden in ihrer Gegliedertheit eine einheitliche Erfahrung.

Diese Erfahrung ist keineswegs immer ausdrücklich. Sofern wir »da« sind, sind wir zwar Erschlossenheit, aber nicht derart, daß wir einfach nur Erschlossenheit sind. Vielmehr tragen wir unser Sein und damit die Erschlossenheit aus, indem wir sie nicht wahrhaben wollen. Wir sind in der »Bewegtheit« des Daseins bestrebt, die Erschlossenheit zu verschließen.

Was das heißen soll, ergibt sich allein schon aus der Kennzeichnung, der zufolge die Erschlossenheit die unmittelbare Kenntnis und Gewißheit des eigenen Möglichseins, der eigenen Unbestimmtheit ist: Das Verschließen der Erschlossenheit besteht darin, möglichst bestimmt sein zu wollen – und dabei allerdings die eigene Unbestimmtheit immer nur bestätigen zu können. Zur Bezeichnung dieses Bestrebens greift Heidegger auf einen Begriff aus der Projektskizze zurück, auf den Begriff des Verfallens. Das Verfallen ist die Bewegung des Daseins von der Unbestimmtheit in die Bestimmtheit, die vor allem in der Bindung an das bereits Gesagte, das »Gerede«, vollzogen wird. Nun ist auch klar, weshalb Heidegger in der Projektskizze die Formen des Wissens von ihrer sprachlichen Artikulation unterschieden hat: Für sich genommen sind diese Formen neutral und machen einfach nur die Alltäglichkeit des Daseins aus. Doch ihre sprachliche Erläuterung und Erklärung steht tendenziell unter der Vorherrschaft des »Man«; sie untersteht oft der Tendenz, sich selbst gegenüber den anderen profilieren oder sich ihnen anpassen zu wollen; man sagt ihnen, wie man zu ihnen steht. Und dann ist es nur noch ein Schritt dazu, daß Profilierung und Anpassung wichtiger werden als das, was man tut und tun kann. Dann ist man dem »Gerede« verfallen.

Gemäß der Konzeption von *Sein und Zeit* kann es nun nicht mehr die Philosophie sein, die aus dem Schattenreich des Gesagten dadurch herausführt, daß sie das Bestimmte als Erscheinung des Unbestimmten, das bereits Gesagte – und Geschriebene –, an das man sich hält, als Widerschein der ursprünglichen Erfahrung von Offenheit durchsichtig macht. Das Wiedererschließen des Möglichseins in seiner Offenheit und Unbestimmtheit ist nun nicht mehr ohne weiteres die Wiederholung eines ursprünglichen Fragens; sondern die Fundamentalanalyse des Daseins will die Möglichkeit eines solchen philosophischen Fragens erst einsichtig machen, indem sie die Rückkehr des Daseins in seine Offenheit als eine vorphilosophische Erfahrung einsichtig macht. Das ist die Erfahrung der »Entschlossenheit«, worunter man sich keinen Akt der Willensanstrengung oder dergleichen vorstellen darf. Der Terminus »Entschlossenheit« ist vielmehr als Negation der »Verschlossenheit« des Verfallens zu verstehen. »Entschlossenheit« ist die Wiederholung, das Wiederzurückholen der »Erschlossenheit«.

Die Entschlossenheit wird gemäß der Architektur von *Sein und Zeit* auch wieder in dreifacher Gliederung herausgearbeitet. Es ist, wie Heidegger zeigen will, eine besondere Stimmung, ein besonderes Verstehen und eine besondere Ausprägung der Rede, was die Entschlossenheit im ganzen ausmacht; dabei handelt es sich um die Stimmung der Angst, das »vorlaufende« Verstehen des Todes und den im Schweigen ergehenden »Ruf« des Gewissens.

Mehr als alles andere aus *Sein und Zeit* haben die Analysen von Angst, Vorlaufen zum Tode und Gewissen die Aufmerksamkeit von Heideggers Lesern auf sich gezogen; sie haben den Interpreten Kopfzerbrechen bereitet und die Kritiker zu ihren schärfsten Urteilen bis hin zur Polemik beflügelt. Das ist verständlich, denn mit diesen Analysen steht und fällt das ganze Programm der Fundamentalanalyse des Daseins, weil Heidegger hier seine These von einem »vorontologischen Seinsverständnis« im Dasein einzulösen verspricht. Was von dieser Einlösung zu erwarten ist, bedarf keiner ausführlichen Erklärungen mehr: Angst, Vorlaufen zum Tode und Gewissensruf müssen radikale Erfahrungen des Möglichseins, der Offenheit und Unbestimmtheit des Daseins sein, und zwar so radikal, daß sie das Verfallen in die Bestimmtheit, die »Uneigentlichkeit«, unterbrechen können.

Im Hinblick auf die Angst dürfte es nicht allzu schwierig zu begreifen sein, daß sie eine Erfahrung dieser Art ist. Angst ist eine Möglichkeitserfahrung; das hat schon Kierkegaard in seiner Schrift *Der Begriff der Angst* betont, der Heidegger viel verdankt. Wer sich ängstigt, kann nicht sagen, daß ihn etwas Bestimmtes bedroht. Höhenangst etwa ist nicht dadurch zu beseitigen, daß man sich sagt, man könne, so sicher, wie man am Rande des Abgrundes steht, gar nicht in die Tiefe stürzen; die reine Möglichkeit des Sturzes drängt sich dennoch auf, und zwar so, daß sie zugleich lähmt: Man ist unfähig, das Nächstliegende zu tun und weiterzugehen, wodurch man sich dem Eindruck der schwindelerregenden Tiefe entziehen würde. Vor allem diese Unfähigkeit zum Handeln ist für Heideggers Analyse von Bedeutung: Die Welt und das in ihr, womit wir umgehen können, ist *offen,* und das sieht man genau; man sieht, daß man sich so und so verhalten könnte – und ist doch unfähig, es zu tun. In der Angst wird die

Offenheit der Welt dadurch erfahren, daß man keine Möglichkeit, in ihr zu sein, ergreifen kann.

Mit der Analyse des »Vorlaufens zum Tode«, wie Heidegger sie entwickelt, ist es so einfach nicht, und Heidegger hat das selbst mit der außergewöhnlichen Verwickeltheit seiner Überlegungen zu diesem Punkt dokumentiert. Dabei ist leicht zu sehen, wie Heidegger darauf kommt, die ausdrückliche und radikale Erfahrung des eigenen bevorstehenden Seins, die ausdrückliche und radikale Erfahrung der Erschlossenheit in der Form des Verstehens also, habe mit der Gewißheit des eigenen Todes zu tun: Radikal zeigt sich die Unbestimmtheit des eigenen bevorstehenden Seins mit der Frage, ob man überhaupt noch sein wird; und diese radikale Unbestimmtheit läßt sich nicht auf den Zustand eines vorgestellten hohen oder höheren Alters verschieben, sondern besteht in jedem Moment des Lebens. Worauf es Heidegger bei der Analyse des »Vorlaufens zum Tode« ankommt, ist die radikale Ungewißheit des Todes bei aller Gewißheit: Wir wissen, daß wir sterben müssen, aber nicht, wann.

Daß Heideggers Interesse an der Todesproblematik hier seine Wurzel hat, läßt bereits das Motto zur Vorlesung aus dem Wintersemester 1921/22 erkennen – die »dankbare Anzeige der Quelle«. Hier findet sich neben der Bezugnahme auf Kierkegaard ein Satz aus Luthers Exegese zum ersten Buch Mose: »statim enim ab utero matris mori incipimus«[15] (GA 61, 182). Es läßt sich nicht bestreiten: Wir wissen, daß es so ist, aber wie wir das im Hinblick auf unser eigenes Dasein erfahren, ist weniger klar. Was wir vom Tod wissen, wissen wir durch den Tod anderer, und dieses Wissen soll, wenn man Heidegger folgt, für das »Vorlaufen zum Tode« gerade nicht wesentlich, ja noch nicht einmal von Belang sein. Der Tod, wie er gemäß den Heideggerschen Analysen zu erfahren ist, ist vielmehr reine Möglichkeit und sonst nichts. Da wir jedoch vom Tod immer nur durch den Tod anderer wissen, ist nicht zu erkennen, wie die *eigene* Erfahrung reinen Möglichseins noch als »Vorlaufen zum Tode« bestimmt werden soll. Angesichts dessen könnte man höchstens sagen, daß die Erfahrung des Todes anderer uns mit radikaler Möglichkeit und Unbestimmtheit konfrontiert, weil sich diese Erfahrung auf uns selbst nicht übertragen und auch durch keine Vorstellung einholen läßt. An dergleichen hat Heidegger wohl auch gedacht, aber dann ist das »Vorlaufen zum Tode« in Wahrheit das »Vorlaufen« in die Unbestimmtheit des bevorstehenden Seins, wobei diese Erfahrung in akut gefährlichen Situationen ins Extrem gesteigert sein kann. Aber die Erfahrung, auf die es Heidegger ankommt, wird immer dann gemacht, wenn das Bevorstehende sich der Vorstellung in besonderem Maße entzieht. Man versteht dann das eigene bevorstehende Sein in seiner Unbestimmtheit, und man versteht, daß jedes bestimmte Projekt, jeder bestimmte Plan und jede Vorstellung immer nur eine Antwort auf diese Unbestimmtheit sein kann. Die immanenten Schwierigkeiten der Todesanalyse zeigen sich nicht zuletzt daran, daß Heidegger eine Einlösung dessen, was sie leisten soll, auf die Analyse des Gewissens verschiebt.

Wie Kierkegaard im Hinblick auf die Angst und Luther im Hinblick auf Tod und Sterblichkeit, so ist Aristoteles für Heidegger im Hinblick auf die Analyse des Gewissens eine, vielleicht sogar die entscheidende Quelle gewesen. Quelle war genauer gesagt die Bemerkung in der *Nikomachischen Ethik,* der zufolge es von der Phronesis kein Vergessen gibt. (EN 1140b 29 f.) Anders als der beliebige Vollzug einer Handlung läßt sich die Phronesis nicht vergessen, weil in ihr die Unumgänglichkeit des Handelns überhaupt gegenwärtig ist.

Erinnert man sich daran, daß das Gewissen der Erschlossenheitsform der Rede zugeordnet ist, so leuchtet seine zentrale Rolle im Zusammenhang der Entschlossenheit sofort ein: Die Verschlossenheit des Verfallens besteht darin, sich im »Gerede« einer

Bestimmtheit versichern zu wollen, die die Unbestimmtheit des Daseins vergessen machen soll. Und wenn es von dieser Unbestimmtheit kein Vergessen gibt, so muß ihre »Unvergessenheit« auch primär in der Rede zum Tragen kommen. Zur Rede aber gehört als eine ihrer wesentlichen Ausprägungen das Schweigen. Das Schweigen wiederum kann derart sein, daß in ihm die gängigen Erklärungen und Beschwichtigungen, die Versuche, sich einander zu vergleichen und so die Einzelheit und Einzigkeit jedes Menschen zu überspielen, zum Stocken kommen; der »Ruf des Gewissens« ist eine Zäsur im Gerede.

Nimmt man nun die drei skizzierten Formen der Entschlossenheit zusammen, so kann man sagen: Entschlossenheit ist durch die Angst gestimmtes und durch den Gewissensruf vom Gerede frei gewordenes Verstehen. Es ist ein Verstehen, bei dem jedes Vorhaben, im Zusammenhang der Welt in bestimmter Weise zu sein, als Antwort auf das eigene bevorstehende Sein in seiner Unbestimmtheit gesehen und in der Sicht gehalten wird. Die Nähe dieses Gedankens zur Bestimmung der Phronesis bei Aristoteles ist augenfällig. Nur ist es jetzt nicht mehr die Führung des Lebens im ganzen, woraufhin das jeweilige Handeln durchsichtig ist, sondern das eigene Sein in seiner Unbestimmtheit: Im »eigentlichen« Verstehen sind nicht mehr, wie in der Aristotelischen Konzeption, einzelne Überlegungen und Entscheidungen auf die Wirklichkeit des Lebens bezogen, vielmehr tritt das Handeln, jedes bestimmte Verhalten überhaupt, in seiner Eingelassenheit in die Offenheit des Daseins hervor. Das Bestimmte gehört in die Offenheit des Möglichen und darin Unbestimmten. Das Bestimmte ist überhaupt nur im Spielraum des Unbestimmten; diesem verdankt es, daß es sich zeigen kann, und wo es sich zeigt, bestätigt es die Offenheit des Spielraums. Das Bestimmte ist eine Erscheinung des Unbestimmten, das Unbestimmte ist das *Sein* des Bestimmten. »Sein« – das meint bei Heidegger immer die

Unbestimmtheit des Offenen. Bestimmtes und Unbestimmtes sind different, weil das Bestimmte in das Unbestimmte gehört und sich von ihm doch unterscheidet. Der Austrag dieser Zusammengehörigkeit und Unterschiedenheit macht sowohl im Verfallen wie in der Entschlossenheit das Dasein in seiner Bewegtheit aus; doch nur in der Entschlossenheit ist dieser Austrag ein *ausdrückliches* Verstehen des eigenen Seins.

Mit seiner Konzeption des Seins und Seinsverstehens nimmt Heidegger eine entscheidende Akzentverschiebung gegenüber der Aristotelischen Ontologie vor. Er kehrt das Verhältnis von Möglichkeit und Wirklichkeit, von Unbestimmtheit und Bestimmtheit um und erkennt nun der Möglichkeit und Unbestimmtheit den höheren Rang zu. Derart macht Heidegger sich durch das zentrale Ergebnis seiner »Fundamentalanalyse des Daseins« den Weg frei für eine Destruktion nicht nur des Aristoteles, sondern der gesamten Tradition, wo sie durch die umgekehrte Rangordnung von Möglichkeit und Wirklichkeit bestimmt ist – und das ist für Heidegger dann später die gesamte Tradition von Platon bis Nietzsche und bis zur wissenschaftlich-technischen Einrichtung der Welt. Diese Tradition heißt dann später für ihn »Metaphysik«, und zwar seit seinen *Beiträgen zur Philosophie* (1936-1938) und den ihre Niederschrift begleitenden Vorlesungen. Doch soweit sind wir noch nicht; die Konzeption, wie Heidegger sie in den dreißiger Jahren entwickelt, hat ihren Ursprung in der »Verunglückung« des Projektes über Sein und Zeit. Und um diese zu verstehen, muß man das Projekt als Ganzes verstanden haben.

Zeit: Zeitlichkeit und Temporalität

Daß die »Fundamentalanalyse des Daseins« vom Gedanken der zeitlichen Verfaßtheit des Daseins lebt, wird an Heideggers Bestimmung des Verstehens besonders deutlich: Wenn Verstehen das unmittelbare Vernehmen des in seiner Unbestimmtheit bevorstehenden Seins ist, so zeigt sich unmittelbar seine Zukünftigkeit. Aber auch der zeitliche Charakter der Befindlichkeit ist nicht viel schwerer einzusehen: Zwar ist man immer gegenwärtig in einer Stimmung, doch wenn in der Stimmung die Offenheit der Welt erfahren wird, dann zeigt sich dabei der Freiraum des Verhaltens, in dem wir schon »gewesen« sind. Im Anschluß an diese Formulierung versteht man auch, weshalb Heidegger statt von »Vergangenheit« von »Gewesenheit« spricht: »Gewesenheit« betrifft das Dasein, während »Vergangenheit« die Zeitform früherer Ereignisse ist, die isoliert in den Blick kommen. Wir sind im jeweiligen Handeln immer auch, was wir »gewesen« sind, und »gewesen« sind wir vor allem im Möglichkeitsraum der Welt.

Etwas schwieriger ist es, den zeitlichen Charakter der Rede zu fassen, denn die Rede scheint einerseits die Zukünftigkeit des Verstehens zu teilen, sofern sie als Offenheit für die anderen und so als die Möglichkeit unseres Verhältnisses zueinander bestimmt wird; andererseits sind durch die Rede aber auch die Möglichkeiten unseres Verhältnisses zueinander vorgegeben. Die Rede ist ein Möglichkeitsraum und gibt derart Möglichkeiten vor, ausdrücklich miteinander zu sein. Möglichkeiten, die dann in bestimmten Mitteilungen oder »Sprechakten« wie Versprechen, Bitte, Befehl, Wunsch oder Aussage realisiert werden.

Doch die Rede hat wesentlich die Eigenart, alles, indem es beredet wird, *gegenwärtig* werden zu lassen, und so ist es nicht ganz unplausibel, wenn Heidegger von der Rede sagt, das »Gegenwärtigen« habe in ihr »eine *bevorzugte* konstitutive Funktion« (GA 2, 462/349). Ganz befriedigen kann das allerdings nicht; die Festlegung der Rede auf die Gegenwart wirkt erzwungen. Wie wenig sie Heidegger selbst zufriedengestellt hat, zeigt, daß er nach *Sein und Zeit* zu einer neuen Konzeption von Sprache und Rede ansetzt.

Hebt man den zeitlichen Charakter der drei Formen der Erschlossenheit hervor, so wird erneut deutlich, wie wenig sie einzeln zu betrachten sind: Zukunft, Gewesenheit und Gegenwart gehören wesentlich zusammen; erst ihr Zusammenspiel macht aus, was wir »Zeiterfahrung« nennen. Dieses Zusammenspiel wiederum kann das Zusammenspiel der drei Formen der Erschlossenheit einsichtig machen: Das in seiner Unbestimmtheit verstandene bevorstehende Sein stellt vor die Frage, wie man sein will, und diese Frage ist nur in der Offenheit der Welt, in der man schon gewesen ist, durch gegenwärtiges Handeln miteinander zu beantworten.

Die drei Formen der Zeit – Zukunft, Gewesenheit und Gegenwart – gehören also zusammen: Man hält sich in keiner von ihnen, ohne auch auf die anderen verwiesen zu werden. Dabei schließen die drei Formen der Zeit einander strikt aus, jede von ihnen ist von den anderen radikal unterschieden, und keine von ihnen geht in die anderen über. Dieses unvermittelte Zusammengehören der Zeitformen will Heidegger fassen, indem er sie als »Ekstasen« bezeichnet. Das ist ein Begriff, den Heidegger wohl im Anschluß an eine Bemerkung des Aristoteles in der *Physik* gebildet hat. Jede unmittelbare Veränderung (metabolé), so heißt es bei Aristoteles, hat den Charakter eines »ekstatikón« (Physik, 222b 16); »ekstatikós« heißt, sich von etwas trennen können, über sich hinausgehen können, und das läßt sich von den Formen der Zeit in der Tat sagen – jede von ihnen ist nur derart, daß sie zugleich auch über sich hinaus ist, daß sie in die anderen Formen der Zeit »umschlägt«; keine ist ohne die anderen.

Genaugenommen kann man von den Formen der Zeit allerdings nicht sagen, daß sie »sind«: Wenn alles, was ist, in der Zeit ist, dann ist die Zeit selbst nicht. Schon Aristoteles hatte in seiner der Zeit gewidmeten Abhandlung im vierten Buch der *Physik* die Frage erörtert, ob die Zeit zum Seienden gehört oder nicht, und er war zu dem Ergebnis gekommen, sie sei eher nicht, weil weder der Vergangenheit noch der Zukunft ein Sein zugesprochen werden könne. (Physik, 217b 30-218a 3) Dem kann Heidegger im Ergebnis folgen, jedoch nicht in der Begründung: Für ihn ist die Zeit deshalb nicht, weil Sein – Dasein – nur zeitlich verstanden werden kann. Wir sind nicht und erfahren dabei auch noch Zeit, sondern wir sind zeitlich. Das nötigt dazu, die Bedeutung des Begriffs »Dasein«, wie sie in der früheren Vorlesung erläutert wurde, zu modifizieren: Genauer betrachtet ist das »Da« unseres Seins keine »Präsenz«, sondern wir sind »da«, indem wir zukünftig, gewesen und gegenwärtig sind.

Eine Bestimmung des Verhältnisses von Dasein und Zeitlichkeit gibt Heidegger bereits im Aufriß seiner Abhandlung, wenn er deren ersten Teil als »Interpretation des Daseins auf die Zeitlichkeit« bezeichnet. Das bezieht sich auf die ersten beiden Abschnitte, während »die Explikation der Zeit als des transzendentalen Horizontes der Frage nach dem Sein« dem dritten Abschnitt »Zeit und Sein« vorbehalten sein sollte. Wie die Gliederung des ersten Teils aber auch zeigt, gehört die Erörterung der Zeitlichkeit nicht mehr zur »vorbereitenden Fundamentalanalyse des Daseins«, sondern ihr ist ein eigener Abschnitt gewidmet, in dem die »Interpretation des Daseins auf die Zeitlichkeit« erst wirklich zum Tragen kommt.

Eine »Interpretation« ist mehr als nur der ausdrückliche und ins einzelne gehende Nachvollzug eines Textes; wer einen Text interpretiert, sagt immer auch mehr und anderes als dieser. Versteht man die Interpretation des Daseins in diesem Sinne, so ist klar, daß die Erörterung des Verhältnisses von »Dasein und Zeitlichkeit« endgültig nicht mehr dem Seinsverständnis folgt, wie es für das Dasein in seiner Alltäglichkeit, für das vorphilosophische oder »vorontologische« Dasein charakteristisch ist. Zwar ist natürlich auch die »Fundamentalanalyse« des Daseins bereits phi-

losophisch, aber sie will doch nur Strukturen ausdrücklich machen, von denen man gemäß der Konzeption von *Sein und Zeit*
auch vorphilosophisch weiß; anders bliebe alles unverständlich,
was Heidegger über die Entschlossenheit zu sagen hat. Demgegenüber hat die Interpretation des Daseins auf die Zeitlichkeit
den Charakter einer Mitteilung, die im alltäglichen Seinsverständnis nicht per se nachzuvollziehen ist.

Das kann nicht daran liegen, daß die Zeitlichkeit im alltäglichen Dasein völlig unzugänglich wäre. Wenn Heidegger von einer
»Interpretation« des Daseins auf die Zeitlichkeit spricht, will er
nur auf die Verschiedenheit einer vorphilosophischen Zeiterfahrung von ihrem philosophischen Begreifen aufmerksam machen.
Und er will darauf hinweisen, daß die Zeit im philosophischen
Begreifen auch nicht mehr in derselben Weise erfahren wird wie
im vorphilosophischen Dasein.

Um das verständlich zu machen, setzt man am besten noch
einmal bei der Zukünftigkeit des Verstehens an: Vom Verstehen
ist gesagt worden, es sei das unmittelbare Wissen, das unmittelbare Vernehmen sowohl der Möglichkeiten zu sein als auch
des eigenen Möglichseins. Dieses Vernehmen ist die Bedingung
dafür, daß dann eine dieser Möglichkeiten als bestimmte erfaßt
und als Antwort auf die Frage, wie man sein will, ergriffen wird;
Heidegger nennt das die »Auslegung« des Verstehens. Auch in
der Auslegung zeigt sich die Zukünftigkeit des Daseins: Wo wir
eine bestimmte Möglichkeit zu sein ergreifen, entscheiden wir
uns für eine bestimmte Zukunft, sei es in der Form eines Ent-
schlusses, der dann das Handeln leitet, sei es auch nur in der
Form einer Vorstellung davon, wie wir gerne sein möchten, ohne
uns selbst an die Realisierung der vorgestellten Möglichkeit zu
machen oder machen zu können. Die Zukunft ist also einmal unbestimmt und zum anderen bestimmt. Daß dabei der unbestimmten Zukunft ein Vorrang zukommt, dürfte unmittelbar ein-

leuchten: Wäre die Zukunft nicht unbestimmt, brauchten wir uns nicht zu überlegen, wie wir sein wollen.

Doch bestimmte und unbestimmte Zukunft stehen auch noch in einem anderen Verhältnis, und das hat seinen Grund darin, daß im alltäglichen Dasein die unbestimmte Zukunft als die Zeitlichkeit unseres bevorstehenden Seins immer als eine Frage erscheint, die wir zu *beantworten* haben. Die unbestimmte Zukunft ist also nicht nur die Bedingung der bestimmten, sondern alltäglich ist sie in ihrer Fraglichkeit auch auf die Antwort durch das Ergreifen einer bestimmten Möglichkeit angelegt.

Im alltäglichen Dasein geht es nicht nur unter anderem, sondern wesentlich um dieses Zusammenspiel von Frage und Antwort. Man darf nicht vergessen: Die Analyse des alltäglichen Daseins ist bei Heidegger aus der Aristotelischen Analyse der Phronesis entwickelt worden, und Phronesis war die Form des Wissens, die im Handeln selbst wirksam ist. Wie sehr sich Heideggers Konzeption des alltäglichen Daseins auch von der Aristotelischen Konzeption der Phronesis unterscheidet – diese Charakterisierung ist doch gleichgeblieben.

Die – primäre – unbestimmte Zukunft wird alltäglich also immer nur im Verhältnis zur – sekundären – bestimmten Zukunft erfahren. Das macht die spezifische Blickrichtung des alltäglichen Daseins im Hinblick auf die Zukunft aus, und im Hinblick auf die beiden anderen Ekstasen der Zeitlichkeit verhält es sich nicht anders: Die Gewesenheit in der Welt erscheint immer im Verhältnis zu einer bestimmten Möglichkeit des Verhaltens, die aus der Zukunft des bevorstehenden Seins in der Welt ergriffen wird; sie ist der Möglichkeitsraum *für* dieses Verhalten. Die Rede schließlich ist die Möglichkeit sprachlicher Vergegenwärtigung; sofern das Miteinandersein, das in der Rede eröffnet ist, seinen Sinn immer in solcher Vergegenwärtigung hat, ist klar, daß die Rede auf den bestimmten Vollzug angelegt ist.

In diesem Spiel von Bestimmtheit und Unbestimmtheit kommt der Rede ein besonderer Stellenwert zu: Für den Redenden besteht die Möglichkeit einer scheinbar unbegrenzten Vergegenwärtigung; in der Rede liegt deshalb auch die Bedingung dafür, alles nur noch im Modus der Bestimmtheit sehen zu können. Die Rede ist das Medium des Verfallens. Die Befreiung aus dem Verfallen aber beseitigt die Bestimmtheit nicht; in der Entschlossenheit wird das Bestimmte im Dasein vielmehr nur in die Unbestimmtheit zurückgestellt. Weil die Unbestimmtheit auch hier nur zusammen mit der durch sie relativierten Bestimmtheit in den Blick kommt, bestätigt die Entschlossenheit gerade die eigentümliche Blickrichtung des alltäglichen, vorphilosophischen Daseins. Der Orientierungspunkt für die Erfahrung der Unbestimmtheit bleibt auch hier die Bestimmtheit.

Wenn das die eigentümliche Blickrichtung des alltäglichen Daseins ist, so kann man vermuten, daß die – philosophische – Interpretation des Daseins auf die Zeitlichkeit hin ihr nicht mehr unterliegt. Vielleicht zögert man im ersten Moment, dem zu folgen, und zwar dann, wenn man an die Genese der Heideggerschen Konzeption von Eigentlichkeit und Uneigentlichkeit aus der Konzeption des Verhältnisses von Philosophie und Überlieferung denkt: Es scheint dann gerade auch für die Philosophie zuzutreffen, daß sie die Offenheit ihres Fragens und Denkens nicht erobern kann, ohne zugleich an die überlieferten Begriffe und Denkweisen in ihrer Bestimmtheit gebunden zu bleiben. Durch die Offenheit des an den Anfang zurückfragenden Denkens erhalten die überlieferten Begriffe und Denkweisen schließlich erst ihren Sinn, sofern sie in den ihnen eigentlich zugehörigen Zusammenhang gestellt werden.

Doch man darf nicht vergessen, daß sich die Konzeption Heideggers in einem wesentlichen Punkt geändert hat: Es geht nicht mehr darum, an den Anfang der Geschichte zurückzufragen, sondern an den Anfang, der das alltägliche Dasein ist. Laut Heidegger entspringt die Philosophie aus dem alltäglichen Dasein. (GA 2, 51/38) Doch sobald sie einmal entsprungen ist, bleibt sie von ihrem Ursprung dadurch radikal getrennt, daß sie wesentlich nicht der Handlungsperspektive des alltäglichen Daseins unterliegt, sondern diese in ihrer Bewegtheit begreift. Philosophie ist zwar auch ein Verhalten im Dasein, in der Philosophie geht es zwar für den, der sie betreibt, auch darum, eine bestimmte Antwort auf die Frage zu geben, wie er sein will. Aber die Philosophie erschöpft sich darin nicht: Wesentlich ist philosophisches Begreifen kein alltägliches Handeln. In der Interpretation des Daseins auf die Zeitlichkeit hin geht die Philosophie über das alltägliche Dasein und seine eigentümliche Blickrichtung hinaus, und sie muß darüber hinausgehen, wenn sie die »Geschichte der Ontologie« phänomenologisch destruieren will. *Sein und Zeit* will mehr sein als eine praktische Philosophie im Sinne der *Nikomachischen Ethik;* Heidegger muß, um den zweiten Teil von *Sein und Zeit* durchführen zu können, die philosophische Konzeption der Zeitlichkeit so modifizieren, daß in ihr auch die traditionellen Ontologien begriffen werden können: Ontologie aber gehört nicht mehr in die Handlungsperspektive des alltäglichen Daseins. In der Philosophie, man erinnert sich vielleicht an den Schluß von *Sein und Zeit,* geht es letztlich nicht um das Dasein, sondern um das »Sein überhaupt«.

Indem man sich auf die Frage nach der eigentümlich philosophischen Konzeption der Zeit einläßt, begibt man sich auf unübersichtliches Gelände; man verläßt den ausgeführten Bau der ersten beiden Abschnitte des Projektes über Sein und Zeit und wendet sich den unausgeführt gebliebenen Teilen des von Heidegger geplanten Gebäudes zu. Das kann man natürlich nur, weil man kein freies, unbebautes Feld, sondern eine Bauruine betritt, die es erlaubt, ein Bild des geplanten Ganzen zu rekonstruieren und dabei auch zu verstehen, warum der Bau nicht ausführbar gewesen ist.

Die Ruine, die es zu betrachten gilt, ist die Ruine des für den Gesamtbau von *Sein und Zeit* geplanten Flügels der Philosophie. Um den Plan der Ausführung zu verstehen, verfährt man am besten so, daß man die wenigen errichteten Säulen und Wände mit den Säulen und Wänden des ausgeführten Teiles vergleicht und mit der Ähnlichkeit auch die Verschiedenheit der beiden Flügel des Gebäudes erahnen kann. Um zu verdeutlichen, wie die Zeit in der Philosophie verstanden werden soll, ist es also hilfreich, noch einmal die Frage aufzunehmen, wie sie im alltäglichen Dasein verstanden wird. Heideggers Antwort auf diese Frage liegt vor, und sie ist bei aller Schwierigkeit nachvollziehbar.

Als erstes hat man noch einmal die drei »Ekstasen« der Zeitlichkeit zu betrachten. »Ekstasen« sind die Formen der Zeit darin, daß sie unmittelbar ineinander umschlagen, darin also, daß die Zukunft als solche auf die Gewesenheit verweist und diese auf die Gegenwart.

Sollte man nun sagen, was die drei Ekstasen der Zeitlichkeit selbst sind, so würde man wohl auf die drei Formen der Erschlossenheit rekurrieren: Aus der Blickrichtung des alltäglichen Daseins versteht man die Zukunft gewiß am besten, wenn man sie als »die Zeit des unbestimmten bevorstehenden Seins« bezeichnet. Man versteht sie sehr viel besser, als wenn man sie etwa »die Zeit der noch kommenden Jahre« nennt; dann orientiert man sich an der Zeitrechnung und gibt dem, was unbestimmt ist, also der Zukunft, den Charakter eines quantitativ Bestimmten. Die Zeitrechnung, so zeigt Heidegger in *Sein und Zeit,* ist bereits eine bestimmte Artikulation der Zeitlichkeit des Daseins und setzt diese voraus. Wo man die Zukunft als die Zeit des unbestimmten bevorstehenden Seins versteht, ist man in solchen bestimmten Artikulationen nicht mehr befangen. Die Antwort, der zufolge die Zukunft die Zeit des unbestimmten und bevorstehenden Seins ist, dokumentiert bereits einen hohen Grad von Durchsichtigkeit im alltäglichen Dasein.

Trotzdem ist diese Antwort noch ganz durch die Blickrichtung des alltäglichen Daseins geprägt, und das will Heidegger hervorheben, wenn er von den »horizontalen Schemata« der Ekstasen spricht: Was man im alltäglichen Dasein unter Zeitlichkeit verstehen kann, ist durch das Dasein in seinen Aspekten begrenzt; deshalb heißen die Schemata »horizontal«. Und »Schemata« heißen die Grenzen des Zeitlichkeitsverständnisses, weil mit ihnen ein bestimmter »Anblick« der Zeitlichkeit gegeben ist. Den Begriff des »Schemas« hat Heidegger aus Kants *Kritik der reinen Vernunft* übernommen: »Schematisch« wird bei Kant die Weise genannt, in der wir uns reine Verstandesbegriffe veranschaulichen.[16]

Mit dem Gedanken von den horizontalen Schemata der Zeitlichkeit ist die Voraussetzung dafür gewonnen, den Gedanken einer Zeit der Philosophie plausibel zu machen: Wenn die Philosophie sich in ihrem Zeitverständnis vom alltäglichen Dasein unterscheiden soll, so darf sie nicht den horizontalen Schemata dieses Zeitlichkeitsverständnisses unterliegen. Das wiederum kann zweierlei heißen: Entweder darf das Zeitverständnis der Philosophie überhaupt nicht schematisch sein, oder die Schemata des philosophischen Zeitverständnisses müssen andere sein als die des alltäglichen Daseins.

Für welche dieser beiden Alternativen Heidegger sich entschieden hat, geht unvollständig schon aus der Überschrift des ersten Teiles von *Sein und Zeit* hervor: »Die Interpretation des Daseins auf die Zeitlichkeit und die Explikation der Zeit als des transzendentalen Horizontes der Frage nach dem Sein«. Hier erfährt man, daß »die Zeit« als »transzendentaler Horizont« der philosophischen »Frage nach dem Sein« gefaßt werden soll, aber von einem schematischen Charakter dieses Horizontes ist nicht die Rede.

Antwort auf die Frage nach dem schematischen Charakter des Horizontes der philosophischen Zeit gibt die im Sommersemester 1927, also unmittelbar nach dem Erscheinen von *Sein und Zeit,* gehaltene Vorlesung *Die Grundprobleme der Phänomenologie.* Heidegger selbst hat diese Vorlesung – wahrscheinlich später – als »Neue Ausarbeitung des 3. Abschnittes des I. Teiles von ›Sein und Zeit‹« (GA 24, 1) bezeichnet, und auch in seinem Handexemplar von *Sein und Zeit* verweist er auf sie, um anzuzeigen, wo er die »Explikation der Zeit als des transzendentalen Horizontes der Frage nach dem Sein« aufgenommen hat. Die Vorlesung über die Grundprobleme der Phänomenologie bringt den Gedankengang, der im dritten Abschnitt des ersten Teiles von *Sein und Zeit* hätte entwickelt werden sollen, zwar nicht zum Abschluß, doch sie macht immerhin deutlich, daß Heidegger den Übergang von der Analyse des alltäglichen Daseins zur Erörterung der Philosophie durch eine Revision des zeitlichen Schematismus gewinnen wollte. Das führt zur Konzeption der Temporalität.

Temporalität, wir erinnern uns, ist Heideggers Name für die Zeitlichkeit, sofern sie die Zeit der Philosophie ist. Die Philosophie wiederum »interpretiert« das Seinsverständnis des alltäglichen Daseins »auf die Zeitlichkeit hin«, und insofern muß die Zeitlichkeit in ihr derart erfahren werden, daß sie einerseits als die Zeitlichkeit des alltäglichen Daseins noch erkennbar ist und sich andererseits von dieser unterscheidet. Beidem will Heidegger gerecht werden, indem er horizontale Schemata entwickelt, von denen die des alltäglichen Daseins nur mehr besondere Ausprägungen sind.

Durchgeführt ist das in der Vorlesung allein im Hinblick auf das horizontale Schema der Gegenwart, und zwar mit einem Gedanken, der an die Bestimmung des Daseins in der Ontologie-Vorlesung erinnert. Alles, was gegenwärtig begegnet, untersteht, wie Heidegger zeigen will, dem horizontalen Schema der »Praesenz«, wobei »Praesenz« sowohl »Anwesenheit« als auch »Abwesenheit« umgreift. Von der Sache her ist das einleuchtend: »Abwesenheit« heißt nicht einfach, daß etwas weg ist, sondern Abwesenheit ist ein besonderer Modus von etwas, entdeckt zu sein. Wo zu einer bestimmten Tätigkeit etwa ein Handwerkszeug fehlt, ist dieses gerade in seinem Fehlen »praesent«; es ist nicht gegenwärtig, nicht präsent, und gerade darin, wie paradox es auch klingen mag, gegenwärtig – »praesent«. So gesehen durchzieht das Verständnis von Praesenz auch die Gegenwart des alltäglichen Daseins: Das bestimmte, sich überlegend artikulierende Handeln im Miteinandersein bildet zwar im alltäglichen Dasein das Schema zum Verständnis der Gegenwart; doch genauer betrachtet ist es eben nur eine eigentümliche Ausprägung der Praesenz.

Eine andere Ausprägung der Praesenz ist die überlieferte Ontologie. Um das zu zeigen, macht Heidegger in der Grundprobleme-Vorlesung darauf aufmerksam, daß das zentrale Wort der Aristotelischen Ontologie, »ousía«, mit »Anwesenheit« wiederzugeben ist: »ousía bedeutet noch zu Zeiten des Aristoteles in der alltäglich-vorphilosophischen Bedeutung soviel wie das Anwesen, als philosophischer Terminus aber Anwesenheit«. Und Heidegger fährt fort:

»Allerdings hatten die Griechen ebensowenig wie Kant das geringste Wissen davon, daß sie das Sein [...] aus der Zeit interpretierten und aus welchem ursprünglichen Zusammenhang heraus sie diese Interpretation des Seins vollzogen. Sie folgten vielmehr dem unmittelbaren Zuge des existierenden Daseins, das gemäß seiner alltäglichen Seinsart [...] das Sein des Seienden unausdrücklich temporal versteht. Der Hinweis darauf, daß die Griechen das Sein aus der Gegenwart, d.h. aus der Praesenz verstanden, ist eine nicht zu überschätzende Bewährung für unsere Interpretation der Möglichkeit des Seinsverständnisses aus der Zeit, nicht jedoch eine Begründung.« (GA 24, 449)

Die Übersetzung von »ousía« mit »Anwesenheit« ist ein Hinweis auf die Intuition, die dem Destruktionsprogramm von *Sein und Zeit* zugrunde lag. Man kann die Frage offenlassen, ob diese Übersetzung gerechtfertigt ist oder nicht. Denn entscheidend ist, daß sich aus dem Begriff des Aristoteles sehr wohl ein Hinweis auf »Praesenz« herauslesen läßt, nicht aber ein Hinweis auf »die Zeit« im Sinne der dreifach gegliederten Zeitlichkeit. Heidegger hatte bereits in seiner Projektskizze behauptet, der Aristotelische Begriff des Seins sei »im Gegenzug« zu seiner Analyse der Phronesis entwickelt. Doch selbst wenn das stimmt, reicht es nicht aus, um als Ursprung der Aristotelischen Konzeption des Seienden das Dasein geltend zu machen. Dazu hätte Heidegger zeigen müssen, daß die Zeitlichkeit in ihrer vollen Struktur den »Horizont« der Aristotelischen Konzeption des Seienden bildet.

Nach Hinweisen auf zur Gegenwart analoge Schemata für die Gewesenheit und die Zukunft sucht man in der Grundprobleme-Vorlesung jedoch vergebens. Das kann kein Zufall sein, wenn man bedenkt, daß hier nicht weniger als die Durchführung des Programms von *Sein und Zeit* auf dem Spiele stand. Allem Anschein nach ist der Gedanke der Praesenz dazu geeignet, den Ansatz der dreifach gegliederten Zeitlichkeit ernsthaft zu gefährden.

Warum das der Fall sein könnte und, um das Ergebnis vorwegzunehmen, auch der Fall ist, kann man sich am besten klarmachen, indem man zuerst zu begreifen versucht, was Heidegger überhaupt bewogen haben mag, die Frage nach der Temporalität ausgerechnet in der Orientierung an der Gegenwart zu entwickeln und nicht, was die Daseinsanalyse aus *Sein und Zeit* mit dem Primat des unbestimmten bevorstehenden Seins nahegelegt hätte, in der Orientierung an der Zukunft. Bei der Frage nach der Temporalität geht es um die Zeit der Philosophie, und die Philosophie wird in der Grundprobleme-Vorlesung als »Vergegenständlichung des Seins« bezeichnet; mit dieser Vergegenständlichung »vollzieht sich der Grundakt, in dem sich die Ontologie als Wissenschaft konstituiert« (GA 24, 398). Heidegger nimmt hier einen Gedanken auf, der bereits auf den letzten Seiten von *Sein und Zeit* anklingt. Dort ist davon die Rede, daß »die antike Ontologie mit ›Dingbegriffen‹ arbeitet«, und Heidegger fragt, was solche Verdinglichung bedeutet und woraus sie entspringt. (GA 2, 576/437) Die Grundprobleme-Vorlesung gibt darauf Antwort: Verdinglichung oder Vergegenständlichung bedeutet sprachliche Vergegenwärtigung, und als solche entspringt sie aus der Gegenwart. Die Gegenwart und das ihr entsprechende temporale Schema der Praesenz stehen im Zentrum der Erörterung der Temporalität, weil Heidegger die Philosophie vor allem in ihrer Sprachlichkeit nimmt und alles, was zur Sprache kommt, dadurch präsent sein kann, daß die Rede von vornherein aus der Zeit auf Praesenz hin verstanden wird. Dann aber ist es auch »praesent« – und nicht gewesen oder zukünftig.

Der Praesenz unterstehen dann auch alle begrifflichen Bestimmungen von *Sein und Zeit.* Der Begriff der Praesenz umfaßt auch noch Gewesenheit und Zukunft, das unbestimmte bevorstehende Sein ist begrifflich ebenso »praesent« wie die Offenheit der Welt, so daß der Gedanke einer Anwesenheit und Abwesenheit umfassenden Praesenz die Konzeption der Zeitlichkeit selbst bedroht: Er legt es nahe, Zukunft und Gewesenheit als Modifikationen der Praesenz zu fassen, und damit hätte die am alltäglichen Dasein herausgearbeitete Zeitlichkeit selbst überschritten werden müssen; ihre dreifache Gliederung hätte sich als Eigentümlichkeit des alltäglichen Daseins erwiesen, so daß es unmöglich geworden wäre, das für den zweiten Teil von *Sein und Zeit* geplante Destruktionsprogramm in einer Orientierung an der Fundamentalanalyse des Daseins durchzuführen. Die dreifache Gliederung der Zeit wäre nicht mehr die Zeit der Philosophie, die Zeit der Philosophie hätte sich aus ihr nicht mehr verständlich machen lassen können. Damit aber hätte die Fundamentalanalyse des Daseins im Rahmen des Heideggerschen Programms ihren Sinn verloren.

Was Heidegger im Hinblick auf das Programm von *Sein und Zeit* in Schwierigkeiten bringt, ist also die Einsicht in die Unmöglichkeit, der Ursprungslogik seines Programms entsprechend, die Philosophie aus der analog zur Aristotelischen Phronesis gedachten Alltäglichkeit des Daseins verständlich zu machen. Dazu hätte die dreifach gegliederte Zeitlichkeit sich auch als die Zeit der Philosophie interpretieren lassen müssen, und der Ansatz der Grundprobleme-Vorlesung ist dafür untauglich. Die Einführung des horizontalen Schemas der Praesenz überformt die Struktur der Zeitlichkeit in ihrer dreifachen Gliederung, und ohne diese ist die Philosophie nicht mehr aus der Struktur des alltäglichen Daseins zu erklären. Damit ist das Programm der »Fundamentalontologie« gescheitert.

Das heißt nicht, die in *Sein und Zeit* entwickelten Begriffe und Analysen spielten für Heidegger später keine Rolle mehr. Doch er nimmt eine gründliche Revision der in *Sein und Zeit* entwickelten Begriffe vor: Er interpretiert die Ergebnisse der Daseinsanalyse so um, daß die Philosophie nun gerade in der Struktur des Daseins verstanden wird. Dasein ist nicht mehr als Alltägliches von der Philosophie verschieden, sondern in sich wesentlich philosophisch. Allein so kann Heidegger an einem Gedanken festhalten, der seine philosophische Arbeit von ihrem eigenständigen Beginn an begleitet hat – dem Gedanken einer geschichtlichen Philosophie. Die Zeit nach dem Projekt über Sein und Zeit steht im Zeichen einer Rückkehr der philosophischen Geschichte.

4. Die Rückkehr der philosophischen Geschichte

Weltbildung von jenseits des Seins

Die Behauptung, daß Heidegger erst nach dem Abbruch des Projekts von *Sein und Zeit* seinen Gedanken einer geschicht-lichen Philosophie wieder aufnehmen kann, ist verwunderlich, wenn man bedenkt, daß die Problematik der Zeitlichkeit im fünften Kapitel von *Sein und Zeit*, »Zeitlichkeit und Geschicht-lichkeit«, eingeleitet wird. Doch gerade dieses Kapitel bestätigt die Behauptung: Die Geschichtlichkeit, wie Heidegger sie hier erörtert, gehört zum vorphilosophischen Dasein und kann des-halb für die Philosophie nicht wesentlich sein. So ist die Philo-sophie zwar auch noch gemäß der Konzeption von *Sein und Zeit* eine Befreiung aus den Bindungen überlieferter Begriffe und Denkweisen, doch wenn diese Befreiung nicht mehr in die freie Zuwendung zum Anfang der Geschichte führt, sondern auf die eigentliche Struktur des Daseins, so ist die Philosophie in ihrem Wesen nicht mehr geschichtlich. Sie macht sich vielmehr nur noch von der Überlieferung frei, um eine Struktur aufzuweisen, die trotz ihrer Zeitlichkeit nicht mehr zeitlich und geschichtlich ist; die Struktur des Daseins besteht, solange es Dasein gibt. Das Philosophieren hat selbst keine bestimmte Zeit, keine bestimm-te historische Situation mehr, sondern hält sich gerade darin in einer umfassenden »Praesenz«, daß es die zeitliche Struktur des Daseins zur Sprache bringt. Das hat Heidegger so gewiß nicht gewollt. Darum muß er sich aus der »Verunglückung«, die das

Unternehmen von *Sein und Zeit* darstellt, wieder herausarbeiten.

Der Durchbruch gelingt Heidegger im Wintersemester 1931/
32 mit einer Vorlesung, deren erster Teil der Auslegung des sogenannten Höhlengleichnisses aus Platons *Politeia* gewidmet ist.
Ähnliche Gedanken wie die, auf die es hier ankommt, finden sich
zwar auch schon in Heideggers Vortrag *Vom Wesen der Wahrheit*,
der 1930 entstanden ist; doch dieser Vortrag wurde erst 1943 publiziert, und Heidegger hat noch für den Abdruck in der Gesamtausgabe bemerkenswerte Änderungen vorgenommen. Allein
darum ist es empfehlenswert, sich an die Platon-Vorlesung zu
halten, wenn man die Entwicklung von Heideggers neuer Konzeption verstehen will.

Heidegger verfolgt im ersten Teil seiner Platon-Vorlesung die
Geschichte von der Höhle, wie sie in der *Politeia* erzählt wird, in
ihren einzelnen Stationen; für das Verständnis der Heideggerschen Interpretation ist es darum erforderlich, die Geschichte
kurz zu rekapitulieren. Sie erzählt von Menschen, die in einer
Höhle gefangensitzen und so gefesselt sind, daß sie nur auf die
Höhlenwand blicken können und die Schattenbilder sehen, die
von hinter ihnen vorbeigetragenen Gegenständen durch das Licht
eines Feuers auf die Wand geworfen werden; sie erzählt weiter,
was geschieht, wenn einer der Gefangenen von seinen Fesseln befreit wird: Er sieht zunächst die Gegenstände, von denen er zuvor
allein die Schatten gesehen hat, und wenn er aus der Höhle her-
ausgeführt wird, sieht er auch Dinge, die nicht, wie die Gegenstände in der Höhle, von Menschen hergestellt sind. Vor allem
aber sieht er die Sonne, die all das, was in der Tageshelle liegt, erst
sehen läßt und als das ursprüngliche Licht im Unterschied zum
künstlich entfachten Feuer in der Höhle verstanden werden muß.

Heidegger geht nun der Frage nach, wie die Metapher des
Lichtes in dieser Geschichte zu verstehen ist. Seine Erläuterungen

umschreiben zunächst das, was aus der Daseinsanalyse von *Sein und Zeit* als »Erschlossenheit« bekannt ist: »Licht« steht für die Offenheit, in der etwas erst begegnen kann, und entsprechend läßt sich die Metapher des Lichtes als Metapher für die Freiheit des Daseins interpretieren.

Dem Verständnis der Freiheit als Offenheit entsprechend, kommt es Heidegger weniger darauf an, daß etwas im Licht erscheint; entscheidend ist für ihn vielmehr die Durchlässigkeit des Lichtes: »Wir sprechen von der ›Waldlichtung‹; das meint eine Stelle, die *frei* ist von Bäumen und *frei-gibt* den Durchgang, den Durchblick. *Lichten* heißt also freigeben, freimachen. Das Licht lichtet, macht frei, gibt Durchlaß.« (GA 34, 59) Die Rede von einem »freigeben« ist bei Heidegger nicht neu. In *Sein und Zeit* steht sie dafür, es mit etwas »sein Bewenden« haben zu lassen, so daß man sich in seinem Zusammenhang überhaupt verstehen und verhalten kann. Doch gerade darum ist die zitierte Stelle bemerkenswert: Während in *Sein und Zeit* das Dasein als »an ihm selbst, als In-der-Welt-Sein gelichtet« (GA 2, 177/133) bezeichnet und entsprechend selbst als das Freigebende verstanden wurde, heißt es nun, das Licht mache frei und gebe so die Offenheit eines Durchgangs und Durchblicks.

Diese veränderte Akzentuierung läßt sich nicht damit erklären, daß die zitierte Stelle in eine Ausdeutung des Höhlengleichnisses gehöre und Heidegger nur dem folge, was der Platonische Text ihm vorgibt. Die Interpretation des Lichtes als einer Metapher der Freiheit ist durch Platons Text nicht vorgegeben; zwar ist klar, daß die von Platon erzählte Geschichte von der Freiheit handelt – schließlich geht es in ihr um die Befreiung aus einer Gefangenschaft, und da das Motiv der Befreiung für Heidegger zentral ist, wird man leicht verstehen, weshalb ihn die Geschichte von der Höhle interessiert hat. Doch Heidegger folgt der Geschichte nicht nur; es ist zutreffend, wenn er am Ende seiner Ausdeutung des Gleichnisses festhält, daß die Zusammengehörigkeit von Licht und Freiheit durch den Platonischen Text bestenfalls nahegelegt wird und es eine Leistung der Interpretation ist, sie herausgehoben und näher bestimmt zu haben. (GA 34, 125) In der Ausdeutung der Geschichte, die in der *Politeia* selbst vorgenommen wird, kommt die Zusammengehörigkeit von Licht und Freiheit nicht zur Sprache, und Heidegger nimmt das zum Anlaß, sein Destruktionsprogramm zu erneuern und nun Platon die entscheidende Rolle spielen zu lassen: Die Befreiung von den Fesseln ist bloße »Ungebundenheit« und bedarf der Begründung in der »positiven« Freiheit des »Freiseins-*für*«: »Das Verhalten zum *Freigebenden* (zum Licht) ist selbst ein Frei*werden*.« Und daß Heidegger hier seine eigenen Gedanken entwickelt, wird vollends deutlich, wenn er hinzufügt: »Eigentliches Frei-werden ist ein entwerfendes *Sich-binden*, – kein bloßes Zulassen einer Fesselung, sondern das Sich-selbst-für-sich-selbst-eine-Bindung-geben, und zwar eine solche, die von vornherein im voraus verbindlich bleibt, so daß jedes nachkommende Verhalten im einzelnen dadurch erst ein freies werden und sein kann.« (GA 34, 59) Mit diesen Sätzen sind die entscheidenden Veränderungen gegenüber der Konzeption von *Sein und Zeit* vollzogen.

Will man im Rückgriff auf die Terminologie von *Sein und Zeit* formulieren, was sich hier verändert hat, so gibt Heidegger eine neue Bestimmung der Entschlossenheit: »Entschlossenheit« heißt nicht mehr nur, im Dasein aus der Verschlossenheit des Verfallens zur Durchsichtigkeit zu gelangen und derart zu sein, wie man »eigentlich« ist, sondern es heißt, in bezug auf das Freigebende, das Licht, sich selbst »eine Bindung zu geben«. Zwar führt auch die frühere Konzeption insofern in eine »Verbindlichkeit«, als in der Entschlossenheit nicht mehr gehandelt wird, weil »man« so handelt, sondern die bestimmte Möglichkeit zu handeln in der Offenheit des eigenen Daseins übernommen wird und damit als die eigene für einen selbst verbindlich geworden ist. Aber um die einzelnen Handlungen oder Verhaltensweisen geht es jetzt nicht mehr. Die Bindung, die man sich selbst gibt, ist vielmehr derart, daß in ihr und durch sie »jedes nachkommende Verhalten [...] ein freies werden und sein kann«. Die Bindung betrifft nicht zunächst das Handeln oder Verhalten selbst, sondern den *Zusammenhang* des Handelns, und zwar in spezifischer Weise: Allein indem ein solcher Zusammenhang als bindender *entworfen* wird, entspricht man dem »Freimachenden« des Lichtes, das »*eigentlich* frei sein« läßt. (GA 34, 59) Das Licht ermöglicht die eigentliche oder positive Freiheit, die man im Entwerfen eines Zusammenhangs übernimmt. Was derart entworfen wird, ist nicht mehr das eigene bevorstehende Sein, sondern die Welt. Und das Licht ist eine Metapher für die Zeit.

Daß Heidegger in der Tat auf diesen Gedanken hinauswill, zeigt sich noch deutlicher, wenn er in den Zusammenhang seiner Konzeption der Freiheit den Begriff des Verstehens und genauer des Seinsverstehens einführt: »*Sein* verstehen meint: die Wesensgesetzlichkeit und den Wesensbau des Seienden im voraus entwerfen. Freiwerden für das Seiende, das Ins-Licht-sehen, heißt den *Seinsentwurf* vollziehen, darin ein Anblick (Bild) des Seienden vor-geworfen und vorgehalten wird, um so im Blick auf diesen Anblick zu Seiendem als solchem sich zu verhalten.« (GA 34, 61)

Worum es hier geht, läßt sich an Heideggers eigenen Beispielen illustrieren. Er nennt als Beispiele für einen Seinsentwurf die neuzeitliche Naturwissenschaft, die Historie als »Wissenschaft von der Geschichte« (GA 34, 62) und die Kunst, Bereiche also, die in *Sein und Zeit* keine nennenswerte Rolle gespielt haben. Die neuzeitliche Naturwissenschaft unterliegt der zitierten Bestimmung des Seinsverstehens, sofern in ihr »ein Entwurf vollzogen wurde, durch den vorausspringend *umgrenzt* wurde, was überhaupt unter Natur und Naturvorgang künftig verstanden werden soll: ein raumzeitlich bestimmter Bewegungszusammenhang von Massenpunkten« (GA 34, 61). Dieser »Entwurf« ermöglicht erst die Forschung im einzelnen; erst in seinem Zusammenhang »konnte die so gefaßte Natur auf die Gesetzlichkeit ihrer einzelnen Vorgänge abgefragt und im Experiment gleichsam auf die Probe gestellt werden« (GA 34, 61).

Im Hinblick auf die Geschichte verhält es sich ähnlich: »Ein Mensch vom Range Jacob Burckhardts«, so sagt Heidegger, »ist nicht deshalb ein großer und eigentlicher Historiker, statt eines bloßen Gelehrten, weil er fleißig Quellen las und ausschrieb, noch gar, weil er irgendwo eine Handschrift entdeckte, sondern dadurch, daß er den vorausgreifenden Wesensblick für Menschenschicksal, Menschengröße und Menschenkümmerlichkeit, für Bedingtheit und Grenze menschlichen Handelns, kurz das vorgreifende Verständnis des *Geschehens* dessen, was wir Geschichte nennen, d.h. des Seins dieses Seienden, in sich wirken ließ.« (GA 34, 62 f.)

Die Kunst schließlich ist weder »Ausdruck von Erlebnissen« (GA 34, 63) noch Abbildung der Wirklichkeit und auch nichts, »woran andere ein Vergnügen, einen Genuß höherer oder niederer Art haben«. Das Wesen der Kunst besteht vielmehr darin, daß der Künstler »den Wesensblick für das Mögliche hat, die verborgenen Möglichkeiten des Seienden zum Werk bringt und dadurch die Menschen erst sehend macht für das Wirklich-seiende, in dem sie blindlings herumtreiben«. Und Heidegger resümiert seine Erläuterung der Kunst, indem er sagt: »Das Wesentliche der Entdeckung des Wirklichen geschah und geschieht nicht durch die Wissenschaften, sondern durch ursprüngliche Philosophie und durch die große Dichtung und deren Entwürfe (Homer, Vergil, Dante, Shakespeare, Goethe).« (GA 34, 64) In diesem Satz steckt insofern die eigentliche Pointe, als es nun wieder einen Platz für die Philosophie gibt: Die Hinweise auf Naturwissenschaft, Historie und Kunst sind in einer ebenso zurückhaltend formulierten wie kalkulierten Klimax angelegt, bei der die Philosophie allein dadurch, daß sie nach einer Erörterung der Kunst zuerst genannt wird, den höheren Rang zugemessen bekommt.

Daß Naturwissenschaft, Historie und Kunst hier nicht gleichbehandelt werden, fällt wahrscheinlich schon beim ersten Lesen von Heideggers Erläuterungen des Seinsentwurfes auf. Die Naturwissenschaft »umgrenzt« nur, »was überhaupt unter Natur und Naturvorgang künftig verstanden werden soll«, während die Historie von Rang durch einen »Wesensblick« in das »Geschehen« der Geschichte charakterisiert ist. Dem Künstler schließlich wird ein »Wesensblick für das Mögliche« zugesprochen, der sich artikuliert, indem er die »verborgenen Möglichkeiten des Seienden zum Werk bringt und dadurch den Menschen erst sehend macht für das Wirklich-seiende«. Von der Naturwissenschaft gilt es demnach am ehesten, daß sie einen »Anblick« oder ein »Bild« gibt, ein Bild, das man sich zur Orientierung vorhält und an dem man sich beim Handeln orientiert. Die Anspielung auf das Höhlengleichnis ist ebensowenig zu übersehen wie die gegenüber dem Höhlengleichnis vorgenommene Akzentverschiebung: In der Orientierung an einem Bild liegt noch die Befangenheit, die dem Zustand der Gefangenen in der Höhle entspricht; dennoch ist die Naturwissenschaft auch bereits ein »Seinsentwurf«: Auch sie verdankt sich bereits dem »Lichtblick« (GA 34, 60) der Freiheit, auf den sie antwortet, so daß auch die Gefangenschaft der Befangenheit nur in der Freiheit möglich ist.

Der Naturwissenschaft gegenüber markiert die »Historie von Rang« ein höheres Stadium: Sie hat es nicht mit dem Seienden zu tun, mit dem man im Dasein umgeht, sondern mit dem »Geschehen« des Daseins in der Geschichte, sie hat bereits »das Sein dieses Seienden« – das heißt hier: des Menschen – »in sich wirken«

lassen und kann so als eine Artikulation dieses Seins begriffen werden. Verglichen mit der Naturwissenschaft ist die Historie von Rang weniger befangen, weil es ihr nicht um das Seiende geht, von dem die Naturwissenschaft ein Bild »entwirft«; ihre größere Freiheit besteht darin, daß sie dem Dasein näher ist.

Im Vergleich zur Kunst ist allerdings auch die Historie von Rang noch durch Befangenheit charakterisiert: Mit seinem »Wesensblick für das Mögliche« läßt der Künstler das Dasein nicht nur in sich wirken, sondern er versetzt in Möglichkeiten, indem er sie entdeckt – aus der Verborgenheit freisetzt. Der Künstler macht damit die Menschen auch sehend »für das Wirklich-seiende«, indem er dieses im Unterschied zum Möglichen ausdrücklich werden läßt und so die Menschen in der Differenz von Möglichem und Wirklichem, von Bestimmtem und Unbestimmtem hält, die sie selbst sind. Das wiederum ist nur denkbar, sofern der Künstler selbst in dieser Differenz steht und derart eigentlich »da« ist. Doch das eigentliche Dasein ist nun von anderer Art, als es in *Sein und Zeit* in der Orientierung an der Phronesis konzipiert wurde: Es kommt als eigentliches Dasein in der Kunst, in der Dichtung zur Sprache, und es ist ihm offenbar wesentlich, daß es zur Sprache kommt. Die Kunst ist von allen bisher genannten Formen des »Seinsentwurfs« am freiesten, weil Dasein in ihr und durch sie zur Freiheit »entschlossen« wird.

Wenn es zutreffend ist zu sagen, daß Heideggers Erörterung von Naturwissenschaft, Historie und Kunst als verschiedene Stadien oder Stufen der Freiheit auf die selbst nicht erörterte Philosophie ausgerichtet ist, dann muß sich die Philosophie als diejenige Form des »Seinsentwurfs« erweisen, die dem »Lichtblick« der Freiheit am meisten entspricht und derart die höchste Form der Freiheit ist. Als höchste Form der Freiheit wiederum wäre sie die ausgeprägteste Entschlossenheit. Nun hat die Philosophie sicherlich allein darin einen besonderen Rang, daß sie Naturwissenschaft, Historie und Kunst als Stufen der Freiheit ausdrücklich werden läßt; doch das kann das Entscheidende nicht sein, weil dadurch noch nicht erwiesen wäre, warum auch die Philosophie ein »Seinsentwurf« genannt werden kann.

Aber die Philosophie kann mehr sein als ein Blick auf die Stufen der Freiheit, die man mit ihr bereits hinter sich hat: Sie kann mehr sein, wenn es ohne sie nicht möglich ist, sich auf einer anderen Stufe in Freiheit zu halten, noch nicht einmal auf der ihr am nächsten liegenden Stufe der Kunst.

So verhält es sich, wenn keine Stufe der Freiheit vor Mißdeutungen geschützt ist; am deutlichsten ist das nicht umsonst bei der Kunst. Heidegger schließt seine Bestimmung der Kunst mit dem Satz ab: »Um aber zu verstehen, was das Kunstwerk und die Dichtung als solche sei, muß sich die Philosophie erst abgewöhnen, das Problem der Kunst als ein solches der Ästhetik zu begreifen.« (GA 34, 64) Sie muß es sich abgewöhnen, die Kunst als »Genuß höherer oder niederer Art« zu deuten; erst wenn die Philosophie »ursprünglich« vollzogen wird, ist auch ein Zugang zur Kunst derart eröffnet, daß man in der durch sie eröffneten Artikulation des eigentlichen Daseins sein kann. Ursprünglich vollzogen aber wird die Philosophie als Entwurf des Seins auf die Zeit.

Was ist das: ein Entwurf des Seins auf die Zeit? Es ist auch alles andere als klar, wenn man sich daran hält, wie »Entwurf« in *Sein und Zeit* bestimmt wurde. »Entwurf« war hier gleichbedeutend mit »Verstehen« und bezeichnete also das unmittelbare Vernehmen des eigenen Möglichseins, des eigenen bevorstehenden Seins in seiner Unbestimmtheit, ebenso wie der Möglichkeiten, durch deren Ergreifen man auf die Fraglichkeit des eigenen Möglichseins antwortet. Diese Fassung von »Entwurf« unterscheidet sich grundsätzlich von dem »Seinsentwurf«, wie er in Naturwissenschaft, Historie und Kunst vollzogen wird. Hier hat man es nicht mehr mit dem Vernehmen von Möglichkeiten zu tun, sondern damit, daß ein Möglichkeitsraum erst eröffnet wird; und vernommen wird auch nicht mehr das eigene bevorstehende Sein in seiner Unbestimmtheit, sondern die Zeit selbst.

Wie die Zeit selbst hier zu verstehen ist, läßt sich nur aufklären, wenn man sich zunächst noch einmal auf Heideggers Platon-Interpretation einläßt und der Frage nachgeht, wie das mit der Metapher des Lichts bezeichnete Freigebende genauer zu verstehen ist. Die Metapher des Lichts, oder genauer gesagt, der Sonne, steht bei Platon für die Idee des Guten. Diese wird im Text der *Politeia* erläutert als dasjenige, was das Denken und das Gedachte erst ermöglicht – ebenso wie die Sonne mit ihrem Licht das Sehen und das Sichtbare erst sein läßt. Die Idee des Guten ist, gemäß der Heideggerschen Übersetzung des entscheidenden Satzes, dasjenige, »was dem erkennbaren Seienden die Unverborgenheit gewährt und was dem Erkennenden das Vermögen zu erkennen verleiht« (GA 34, 103). »Unverborgenheit« ist ein glücklich gewähltes Wort, um den Sinn des griechischen »alétheia« an dieser Stelle wiederzugeben; gemeint ist ja in der Tat, daß das zu Erkennende durch die Idee des Guten erkennbar, zugänglich – also unverborgen – wird.

Für Heidegger ist das, was bei Platon »die Idee des Guten« genannt wird, die Zeit: Ohne den Blick auf die Zeit ist kein Seinsentwurf möglich, denn die Zeit ist das Ermöglichende überhaupt; nichts ist ohne die Zeit und außer der Zeit, und nichts wird anders als zeitlich. Der »Lichtblick« ist dann eine reine und aus allen Bindungen befreiende Möglichkeitserfahrung, die Erfahrung von *Möglichkeit überhaupt*. Ihr wiederum läßt sich nur in der Eröffnung eines neuen Möglichkeitsraumes entsprechen. Der »Lichtblick« auf die Zeit läßt erst in eigentlicher, in ausdrücklicher Weise zeitlich sein. Der »Lichtblick« ist also die Erfahrung der Zeit einfachhin, und in gewisser Weise nimmt Heidegger damit seinen Gedanken der »Praesenz« aus der Grundprobleme-Vorlesung wieder auf: Die Zeit einfachhin ist nicht in ihre drei Formen gegliedert, aber ihre Erfahrung läßt sich doch nur in einem zeitlich gegliederten Seinsentwurf umsetzen.

Das heißt allerdings nicht, daß der Seinsentwurf den Ekstasen der Zeitlichkeit unterliegt. Er entwirft vielmehr einen Möglichkeitsraum, durch den nicht nur das zukünftige Verhalten vorgezeichnet wird, sondern auch das, was man gewesen ist. Der Seinsentwurf im Blick auf das Freigebende der Zeit ist eine neue Bestimmung des Daseins – Einbruch der Zeit mit einer »neuen« Zeit; er ist »Grundgeschehnis« (GA 39, 109), wie Heidegger im Wintersemester 1934/35 sagen wird, oder, wie es dann ab 1936 heißt, »Ereignis«. Mit dem Entspringen einer »neuen Zeit« aus der Erfahrung der Zeit als Möglichkeit überhaupt ereignet sich die Zeit selbst.

Dabei kommt es nicht auf die Etablierung eines neuen Möglichkeitsraumes an, sondern darauf, daß dieser in seinem Möglichkeitscharakter bewahrt bleibt. Das zeigt sich besonders deutlich an einer Stelle aus Heideggers Erörterung der Naturwissenschaft, die bisher noch nicht berücksichtigt wurde. Dort sagt Heidegger über den Entwurf der Naturwissenschaft, dieser sei »bis heute im Prinzip derselbe«, und er fährt fort:

»Aber etwas hat sich doch geändert; nicht so sehr die inhaltlichen Möglichkeiten, die methodischen Umwälzungen, sondern vor allem: der Entwurf hat seinen ursprünglichen Wesenscharakter der *Befreiung* eingebüßt, was sich darin zeigt, daß das Seiende, das heute etwa in der theoretischen Physik und in der Physik überhaupt Gegenstand ist, uns durch diese moderne Wissenschaft nicht mehr *seiender* wurde und wird, sondern das Gegenteil; wir sehen es am Tiefstand dessen, was sich heute Naturphilosophie nennt.« (GA 34, 62)

Ein Seinsentwurf hat den »ursprünglichen Wesenscharakter der Befreiung« und kann diesen auch einbüßen. Jeder Entwurf hat, sofern er in den Zusammenhang des Grundgeschehnisses von Zeit gehört, offenbar »seine Zeit«. Diese Zeit darf man sich nicht im Sinne einer historisch datierbaren Epoche vorstellen, im Gegenteil: Sobald ein Seinsentwurf der historischen Betrachtung unterworfen wird, ist dies das sicherste Anzeichen dafür, daß »seine Zeit« vorbei ist. Jeder Seinsentwurf hat vielmehr in dem Sinne »seine Zeit«, daß eine Zeit mit ihm entspringt und derart die Zeit selbst solange »geschieht«, wie man sich in der ursprünglichen, durch sie ermöglichten Offenheit halten kann. Diese Offenheit ist es, in die man sich mit jedem »nachkommenden Verhalten« und für jedes nachkommende Verhalten »bindet« (GA 34, 59). Es ist eine Offenheit, in der man sich verstehen kann, und eben das hatte Heidegger in *Sein und Zeit* »die Welt« genannt. Der durch den Seinsentwurf entworfene Möglichkeitsraum ist eine Welt.

Auch in dieser Hinsicht unterscheidet sich die neue Konzeption wesentlich von der älteren: Die Analysen von *Sein und Zeit* berücksichtigten nur die Bewegtheit des Daseins in einer Welt, in der man eigentlich oder uneigentlich »da« sein konnte, ohne daß die Welt als solche sich dadurch änderte. Demgegenüber geht es jetzt um die Möglichkeit »neuer Welten«, es geht darum, den Zeitcharakter der Welt anders als nur in der Orientierung an der Zeitlichkeit des Daseins, sofern sie die Zeitlichkeit des In-der-Welt-seins ist, zu denken. Jetzt kommt es Heidegger auf den Gedanken an, daß aus der Zeit überhaupt die Welt neu entspringt.

Seinsentwurf ist Weltentwurf. Weltentwurf aber ist Weltbildung. Was das genauer heißen soll, erörtert Heidegger in der Vorlesung des Wintersemesters 1929/30, die u.a. die »Weltbildung als Grundgeschehen im Dasein« (GA 29/30, 507) zum Thema hat. »Weltbildung« will er dabei im dreifachen Sinne verstanden wissen: »Das Dasein im Menschen *bildet* Welt: 1. es stellt sie her; 2. es gibt ein Bild, einen Anblick von ihr, es stellt sie dar; 3. es macht sie aus, ist das Einfassende, Umfangende.« (GA 29/30, 414) Hier ist die »Darstellung« der Welt in einem »Bild« noch ganz grundsätzlich gefaßt, während sie in der Platon-Vorlesung einer bestimmten Art der Weltbildung vorbehalten bleibt. Man sieht daran, wie Heidegger sein Konzept fortwährend differenziert; auch die Platon-Vorlesung ist noch nicht der letzte Stand.

In ihr bleibt auch die Bestimmung unausgeführt, die im Vergleich mit dem Weltbegriff aus *Sein und Zeit* die ungewöhnlichste ist, die Bestimmung, der zufolge Welt »hergestellt« wird. Es ist nicht unwahrscheinlich, daß Heidegger sich eine Antwort auf die Frage, was das heißen soll, von einer erneuten Auseinandersetzung mit Aristoteles versprochen hat: Für das Sommersemester 1931 kündigt er »Interpretationen aus der antiken Philosophie« (GA 33, 225) an und liest über die ersten drei Kapitel des neunten Buches der Aristotelischen *Metaphysik*. Die sehr ins einzelne gehenden Erörterungen dieser Vorlesung führen zu einem Ergebnis, das Heidegger auch späterhin noch festhalten wird: Die Welt wird hergestellt, indem sie zur Sprache kommt. Und man braucht nur an die Kunst, die Dichtung als ein Stadium der Freiheit zu denken, um hinzuzufügen: Die Welt wird hergestellt, indem sie erdichtet wird. Damit ist der entscheidende Schritt zu einem neuen Verständnis der Sprache getan, einem Verständnis, das in Heideggers Hölderlin-Interpretationen und in den Vorträgen zum *Ursprung des Kunstwerkes* (1936) seine ersten prägnanten Formulierungen erhält.

In der Aristoteles-Vorlesung klingt Heideggers neues Verständnis der Sprache erst an, doch kann man es sich an ihr darum am besten klarmachen. Die Vorlesung ist unter anderem einer Interpretation des Wortes »lógos« gewidmet. Das Sprechen im Sinne des lógos ist, wie Heidegger sagt, »ein Auslesen, ein auslesendes Sammeln des Zusammengehörigen« (GA 33, 142). Mit einem lógos gibt man an, was zu einer Sache gehört, und läßt so die

Sache in ihrer Einheitlichkeit erst ausdrücklich werden. Nun hatte Heidegger die Rede in *Sein und Zeit* als die Erschlossenheit des Miteinanderseins verstanden, und bringt man diesen Gedanken mit dem neuen Verständnis der Sprache zusammen, so ist klar, was man unter der Herstellung einer Welt zu verstehen hat: Wo der Zusammenhang des Daseins neu zur Sprache kommt, indem gesagt wird, was zu diesem Zusammenhang gehört, wird eine gemeinsame Welt gestiftet. Wo eine neue Welt aufbricht, kann die Gemeinsamkeit im Dasein also auch anders zustande kommen als durch das »Gerede« des »Man«. Was dann herrscht, ist die »Gesammeltheit des Seienden in ›Einem‹« und, wie Heidegger hinzufügt, »im Dasein, das zugleich Zerstreuung ist« (GA 33, 128). Während in *Sein und Zeit* die Rede nur im Modus des Schweigens »eigentlich« sein konnte, ist nun die artikulierte Sprache rehabilitiert.

Die Rede vom Dasein, »das zugleich Zerstreuung ist«, kann einerseits vertraut vorkommen, andererseits muß sie doch auch überraschen. Vertraut kann sie einem vorkommen, wenn man die Erörterung der Uneigentlichkeit in *Sein und Zeit* gelesen hat und weiß, daß in der Orientierung am Gerede und den durch es kundgegebenen Möglichkeiten »die ständige Möglichkeit der Zerstreuung« (GA 2, 229/172) liegt. Wer sich für alles interessiert, von dem gesagt wird, es sei interessant, und derart in der »Neugier« (GA 2, 226 ff./170 ff.) ist, sammelt sich nicht auf etwas, sondern ist »zerstreut« in viele Interessen, die sich eigentlich gar nicht wahrnehmen lassen. Das klingt schon in der Habilitationsschrift voraus, wo Heidegger von der »Flächigkeit« des modernen Lebens spricht. Doch andererseits ist die Rede davon, daß Dasein »zugleich Zerstreuung« ist, überraschend, weil sie sich auf Dasein selbst bezieht und nicht nur eine mögliche Seinsweise des Daseins geltend macht.

Heideggers Vorlesung aus dem Sommer 1928 gibt Auskunft

darüber, was das genauer heißen soll. Hier faßt Heidegger »das Problem von Sein und Zeit« noch einmal zusammen und gibt dabei seinem Begriff des Daseins eine radikale Wendung: Die »Neutralität des Titels ›das Dasein‹«, so erfährt man, »ist wesentlich, weil die Interpretation dieses Seienden vor aller faktischen Konkretion durchzuführen ist« (GA 26, 171 f.). In *Sein und Zeit* hatte Heidegger ähnliche Überlegungen angestellt: »Dasein« bezeichnet unsere Weise zu sein, während das Wort »Mensch« ein Seiendes bezeichnet (GA 2, 16/11) und also für das Unternehmen von *Sein und Zeit* ebenso unbrauchbar ist wie der Titel einer »Anthropologie«. Doch nachdem er auf die »Neutralität« des Terminus »Dasein« hingewiesen hat, führt Heidegger aus, daß er unter »Dasein« nun nicht mehr die Weise zu sein verstanden wissen will, die je die meine ist, sondern eine Neutralität, die unter anderem auch das »Mitsein« erst möglich macht: »Das Dasein überhaupt birgt« nicht nur »die innere Möglichkeit für die faktische Zerstreuung in die Leiblichkeit und damit in die Geschlechtlichkeit« (GA 26, 173), sondern auch für das »gattungshafte Zusammenstreben und die gattungshafte Einigung« (GA 26, 175). »Dasein« ist zu einem Begriff geworden, der auch eine Gemeinschaft bezeichnen kann.

Die radikale Wendung, die Heidegger hier dem Begriff des Daseins gibt, ist es wert, noch eingehender betrachtet zu werden. Selbstverständlich war mit dem Terminus »Dasein« auch in *Sein und Zeit* kein isoliertes Existieren gemeint, sondern Heidegger hatte ja herausgearbeitet, daß es zu »meiner« Weise zu sein immer schon dazugehört, in mehr oder weniger ausdrücklichen Verhältnissen zu anderen zu stehen. Aber die Bewegung von Uneigentlichkeit und Eigentlichkeit hatte doch darin bestanden, von der schattenhaften Gemeinsamkeit des Geredes freizukommen und die anderen in ihrem »eigensten Seinkönnen« freizugeben. »Dasein« bezeichnete also die Seinsweise des Individuums, und die Erörterung der Eigentlichkeit und der Uneigentlichkeit handelte von der Bewegung zwischen der uneigentlichen Verdeckung der Individualität im Gerede und ihrer Freisetzung.

Zwar hatte Heidegger auch in *Sein und Zeit* vom »Geschehen der Gemeinschaft« gesprochen und dieses als das Geschehen »des Volkes« bezeichnet, doch hier kam es nur darauf an, sich dem »schicksalhaften Geschick des Daseins in und mit seiner ›Generation‹« (GA 2, 508/384 f.) nicht zu verschließen: Unter einer »Generation« hat man keine Gemeinschaft zu verstehen, sondern, nach der Formulierung Diltheys, auf die Heidegger in einer Fußnote eigens verweist, »einen engeren Kreis von Individuen, welche durch Abhängigkeit von denselben großen Tatsachen und Veränderungen, wie sie in dem Zeitalter ihrer Empfänglichkeit auftraten, trotz der Verschiedenheit hinzutretender anderer Faktoren zu einem homogenen Ganzen verbunden sind«[17]. Mit der Zugehörigkeit zu einer Generation ist eine Zugehörigkeit bezeichnet, der man nicht ausweichen kann und die darum ein »schicksalhaftes Geschick« genannt werden mag; »Geschick« ist das Geschehen der Generationszugehörigkeit, zu der man als zu einem Faktum des je eigenen Daseins stehen sollte. Doch davon unterscheidet sich die neue Konzeption beträchtlich: Indem Heidegger nun »Dasein« gerade nicht mehr als »je meines« versteht, verschafft er sich die Möglichkeit, Gemeinschaft auch als etwas zu denken, was sich mit der in einem Seinsentwurf zur Sprache kommenden Welt erst bildet. Weltbildung ist die Bildung einer gemeinsamen Welt.

Im Zentrum von Heideggers Konzeption, wie er sie nach *Sein und Zeit* entwickelt hat, steht eine neue Bestimmung der Philosophie. Philosophie ist jetzt nicht mehr »Interpretation« des Daseins, sondern die ausdrückliche Form des Seinsentwurfs. In diesem Sinne bestimmt Heidegger schon in der Vorlesung von 1928 die Philosophie als »Metaphysik«, die »zur Natur des Menschen«

(GA 26, 274) gehört. Anders als seit der Mitte der dreißiger Jahre ist der Ausdruck »Metaphysik« hier noch positiv gemeint. In der Antrittsvorlesung, die Heidegger am 24. Juli 1929 in Freiburg hält, nimmt er dies auf und sagt, Metaphysik sei »das Grundgeschehen im Dasein« (GA 9, 122). Nach den Erörterungen der Platon-Vorlesung wird deutlich: »Metaphysik« ist Seinsentwurf im Blick auf die Zeit. Man weiß bereits, daß damit nicht nur die Philosophie bezeichnet ist, und entsprechend nennt Heidegger in seiner Antrittsvorlesung die Philosophie »das In-Gang-bringen der Metaphysik, in der sie zu sich selbst und zu ihren ausdrücklichen Aufgaben kommt« (GA 9, 122). Philosophie ist die höchste Form des Seinsentwurfs, weil sie das Sein ausdrücklich aus der Zeit versteht und damit andere Formen des Seinsentwurfs als das im Dasein »Aufgegebene« erst zur Geltung bringt. Sie ist die höchste Form der Entschlossenheit, weil durch sie ein Seinsentwurf erst unmißverständlich als solcher gesehen werden und vor seinem Verfall in die Routine des innerweltlichen Handelns bewahrt werden kann; die Philosophie hält einen Seinsentwurf in der Eigentlichkeit, und das kann sie, weil jeder Seinsentwurf seinem Wesen nach philosophisch, »metaphysisch«, ist. Sofern mit einem Seinsentwurf eine neue Zeit einbricht und so sich die Zeit ereignet, gibt die Philosophie an, was an der Zeit ist. Die Philosophie gibt Kundschaft von einer neuen Welt und der mit ihr gebildeten Gemeinschaft; sie stellt sich in den Dienst einer neuen Zeit und einer neuen Welt, weil in ihnen das Dasein in der »ursprünglichen Positivität und Mächtigkeit des Wesens« (GA 26, 172) zur Geltung kommt und doch zugleich gegen jede Mißdeutung ausdrücklich zur Geltung gebracht werden muß. Damit öffnet sich die Philosophie Heideggers bereits hier grundsätzlich für die Politik.

Politik: Aufbruch und kein Anfang

Am 21. April 1933 wird Heidegger – fast einstimmig – zum Rektor der Freiburger Universität gewählt und tritt zum 1. Mai desselben Jahres in die NSDAP ein.[18] Er engagiert sich in seinem Amt vor allem dadurch, daß er die neue Universitätsverfassung im Sinne des »Führerprinzips« mit durchzusetzen versucht[19]; auch seine Verlautbarungen aus der Rektoratszeit lassen an Deutlichkeit nichts zu wünschen übrig: Die »nationalsozialistische Revolution« wird von Heidegger eindeutig begrüßt.[20] Es kann außerdem kein Zweifel darüber bestehen, daß Heidegger auch schon vor 1933 politische Sympathien für den Nationalsozialismus hatte. Ein Brief an Elisabeth Blochmann vom 22. Juni 1932 läßt immerhin erkennen, wo er sich politisch nicht wiederfand: Dem katholischen Zentrum und dem Kommunismus stand er ebenso ablehnend gegenüber wie dem Liberalismus; daß er im Sinne einer nationalen Politik dachte, legt derselbe Brief nahe. Der Nationalsozialismus war für Heidegger, wie für viele andere Intellektuelle, also offenbar eine politische Alternative zur schwachen Weimarer Republik, nicht zuletzt wegen seiner antiklerikalen und antikommunistischen Tendenzen. Aus heutiger Sicht ist das unbegreiflich. Aber man sollte wenigstens soweit historisch denken, daß man die Weimarer Republik nicht für eine Vorform der alten Bundesrepublik hält und Heideggers Einschätzung nicht aus den Umständen und Bedingungen seiner Zeit herauslöst. Und man sollte ebensowenig vergessen, daß zu Beginn der dreißiger Jahre über den Nationalsozialismus noch nicht gewußt werden konnte, was endgültig nach 1945 bekannt war. Dies rechtfertigt Heideggers politische Sympathien keineswegs. Es stellt sie nur in den historischen Kontext, in den sie gehören.

Das ist nicht zuletzt wichtig, weil Heidegger eben kein opportunistischer Mitläufer war. Die nationalsozialistische Revolution mit ihrem antibürgerlichen Gestus kam zweifellos dem entgegen, was ihm an lebensreformerischen Tendenzen aus der Jugendbewegung schon vertraut war und was zum Ausdruck kommt, wenn er schon 1918 an Elisabeth Blochmann schreibt, das »geistige Leben« müsse »bei uns wieder ein wahrhaft *wirkliches* werden«, es müsse »eine aus dem Persönlichen geborene Wucht bekommen, die ›umwirft‹ und zum echten Aufstehen zwingt« (HBBr, 7). Das war »Zeitgeist« für solche, die antibürgerlich dachten. Andere haben sich vom Kommunismus aus vergleichbaren Motiven ähnliches versprochen wie Heidegger vom Nationalsozialismus.

Seine Sympathie für den Nationalsozialismus ist oft unpolitisch genannt worden, und das ist sicherlich richtig. Heidegger hatte sich zuvor nie politisch exponiert, und er hatte sich mit politischer Philosophie bis 1933 nicht auseinandergesetzt; in seinen eindringlichen Interpretationen von Platon und Aristoteles spielt die Politik als ein zentrales Thema beider keine Rolle. Heidegger hatte für die Politik im einzelnen keine philosophischen Begriffe; Fragen der Staatskunst, die Frage nach den verschiedenen Formen der Herrschaft, die Frage nach der Gerechtigkeit eines politischen Gemeinwesens, alles Fragen, die bei Platon und Aristoteles – und nicht nur bei ihnen – ausführlich diskutiert werden, kommen bei ihm nicht vor.

Doch das trifft nicht den entscheidenden Punkt von Heideggers politischen Ambitionen, denn er hätte unpolitisch bleiben können. Entscheidend ist, daß die nationalsozialistische Revolution dem entgegenkam, was Heidegger sich in den Jahren seit dem Erscheinen von *Sein und Zeit* philosophisch erarbeitet hatte; seine Konzeption der »Metaphysik« als des »Grundgeschehens im Dasein« steht unverkennbar im Hintergrund, wenn er eine Woche nach der Verabschiedung des »Ermächtigungsgesetzes« im Reichstag an Elisabeth Blochmann schreibt:

»Das gegenwärtige Geschehen hat für mich – gerade weil vieles dunkel und unbewältigt bleibt – eine ungewöhnliche sammelnde Kraft. Es steigert den Willen u. die Sicherheit im Dienste eines großen Auftrages zu wirken und am Bau einer volklich gegründeten Welt mitzuhelfen. Seit langem ist mir die Blässe u. das Schattenhafte einer bloßen ›Kultur‹ u. die Unwirklichkeit sogenannter ›Werte‹ zur Nichtigkeit herabgesunken u. ließ mich im Da-sein den neuen Boden suchen. Wir werden ihn u. zugleich die Berufung des Deutschen in der Geschichte des Abendlandes nur finden, wenn wir uns dem Sein selbst in neuer Weise u. Aneignung aussetzen. So erfahre ich das Gegenwärtige ganz aus der Zukunft. Nur so kann eine echte Teilnahme wachsen u. jene *Inständigkeit* in unserer Geschichte, die freilich Vorbedingung für ein wahrhaftes Wirken bleibt.« (HBBr, 60)

Vor allem der letzte Satz dieser Briefpassage gibt zu erkennen, daß Heidegger, obwohl kein Mitläufer, auch kein linientreuer Parteigenosse war. Wenn die »Inständigkeit in unserer Geschichte« die *Vorbedingung* für ein wahrhaftes Wirken ist, dann sind die politischen Ereignisse für sich genommen nicht wesentlich; wesentlich ist vielmehr, daß der Bau einer »volklich gegründeten Welt« in den Zusammenhang eines Seinsentwurfs gehört. Doch dieser Seinsentwurf steht noch bevor; der »Boden im Dasein« und die »Berufung des Deutschen in der Geschichte des Abendlandes« müssen erst noch gefunden werden.

Wenn Heidegger zu Beginn schreibt, das »gegenwärtige Geschehen« bleibe für ihn in vielem »dunkel und unbewältigt«, so ist das nicht bloß ein Reflex auf die Unklarheit der politischen Lage. Die Uneindeutigkeit des »gegenwärtigen Geschehens« hat ihren Grund darin, daß die Gegenwart noch nicht durch einen Seinsentwurf erhellt ist. Dafür ist gegenwärtig nur mehr die Chance gegeben.

Erfährt man das Gegenwärtige derart »ganz aus der Zukunft«, so muß es als Gegenwärtiges ungeklärt bleiben. Was in der Gegenwart wirklich ist, kommt Heidegger nicht in den Blick. Dafür ist er blind, weil er die Gegenwart nur als Übergang erfährt.

»Übergang«, so hieß es schon in der Vorlesung des Wintersemesters 1929/30, ist das »Grundwesen des Geschehens« (GA 29/30, 531). Wo die Gegenwart ein Übergang ist, darf man sich ihr nicht anvertrauen; doch sofern man ihr eine Zukunft gibt, kann man sich zu ihr auch nicht »unzeitgemäß« verhalten.

Gewiß ist es wieder eine Frage der politischen Urteilskraft, ob man einer bestimmten Gegenwart eine Zukunft gibt oder nicht. Doch die politische Urteilskraft kann von Denkmustern gleichsam überlagert oder sogar außer Kraft gesetzt werden, und ein Denkmuster dieser Art ist Heideggers Konzeption des Seinsentwurfs. Sie ist extrem »aufbruchsanfällig«, sie nötigt nachgerade dazu, von einer Aufbruchssituation fasziniert zu sein; sie legt es nahe, das Gegenwärtige, wenn Anzeichen dafür bestehen, primär als Aufbruch zu deuten. Und weil der Seinsentwurf Zukunft und Gewesenheit umfaßt, steht auch das Gewesene zur Disposition; konservative Vorbehalte gegen die Situation eines Aufbruchs sind ausgeschlossen. Heideggers Faszination durch den nationalsozialistischen »Aufbruch« liegt in der revolutionären Logik seiner Philosophie und speziell seiner Philosophie nach *Sein und Zeit.*

Trotzdem muß man die Frage nach dem, wie manche gern sagen, »faschistischen« Charakter von Heideggers Philosophie für grundsätzlich verfehlt halten. Seine Konzeption ist zwar eindeutig ein Plädoyer für das Besondere, sie ist nicht »internationalistisch«: Der Seinsentwurf geht nicht auf das Allgemeine, denn dieses kann sich für Heidegger immer nur einer »Abstraktion« (GA 26, 172) verdanken; was zur Sprache kommen und darin »hergestellt« werden kann, ist immer nur ein bestimmter Möglichkeitsraum, eine bestimmte Welt; es gibt keine allgemeine Sprache – womit übrigens auch der Imperialismus gegenüber anderen Sprachen ausgeschlossen ist. Aber wenn das anachronistische Gedankenexperiment einmal erlaubt ist: Es läßt sich vorstellen, daß Heidegger mit seinen begrifflichen Mitteln auch die nationale Revolution von 1848 interpretiert hätte.

Was die Beurteilung von Heideggers Denkmuster angeht, wird sich zeigen, daß er eine radikale Kritik des Nationalsozialismus entwickeln kann, ohne sich vom Denkmuster des Seinsentwurfes zu trennen. Dadurch wird das Denkmuster als solches nicht weniger problematisch, aber es zeigt sich doch, daß sein problematischer Charakter nicht auf der politischen Ebene zu suchen ist. Nichtsdestoweniger hat Heidegger seine nach *Sein und Zeit* entwickelte Konzeption der Philosophie zuerst im Hinblick auf die Politik artikuliert. Die politische Artikulation der »Metaphysik« ist vorgetragen in der Rede, die Heidegger aus Anlaß seiner Übernahme des Rektorats unter dem Titel *Die Selbstbehauptung der deutschen Universität* hält.

Heideggers Rektoratsrede ist keine politische Verlautbarung, sondern ein philosophischer Text – ein philosophischer Text, der darum bemüht ist, die Philosophie in ein Verhältnis zur Politik zu stellen. Wenn diese Behauptung zutrifft, dann ist damit die Richtigkeit einer anderen Behauptung ausgeschlossen: Heidegger will die Philosophie nicht dem Politischen ein- oder gar unterordnen.

Am deutlichsten wird das vielleicht, wenn man die Rede von ihrem Schluß her liest: »Die Herrlichkeit aber und die Größe dieses Aufbruchs verstehen wir dann erst ganz, wenn wir in uns jene tiefe und weite Besonnenheit tragen, aus der die alte griechische Weisheit das Wort gesprochen: tà megála pánta episphalê ... ›Alles Große steht im Sturm ...‹ (Platon, Politeia 497d 9).« (SddU, 19)

Es ist oft gesagt worden, daß Heidegger mit seiner Übersetzung des zitierten griechischen Satzes seinen Sinn verfälscht habe. Heideggers Übersetzung ist ungewöhnlich und frei; wörtlicher müßte man das Adjektiv »episphalés« mit »zum Fallen vornüber geneigt« oder auch mit »unsicher« wiedergeben. Doch gerade dann ist zu fragen, ob Heidegger überhaupt etwas anderes sagt: Was »im Sturm steht«, ist »zum Fallen geneigt« und darin »unsicher« oder auch »gefährdet«. Interessanter als dies ist allerdings die Frage, was hier »alles Große« eigentlich sein soll. Heideggers Rede gibt durch den Kontext des Zitats darauf scheinbar eine eindeutige Antwort, es ist »der Aufbruch« in seiner »Herrlichkeit und Größe«. Im Kontext von Platons *Politeia*, der das Zitat entnommen ist, sieht das anders aus.

Heidegger hat für den Schluß seiner Rede kein beliebiges Zitat aus dem Zusammenhang gerissen. Wer sich die Mühe macht, bei Platon nachzulesen, kann feststellen, daß die Erörterung der *Politeia* im Umkreis des Zitats genau den Zusammenhang betrifft, den auch Heidegger im Auge hat. Es geht um das Verhältnis von Philosophie und Politik oder genauer: um das Verhältnis der Philosophie zur möglichen Verfassung (politeía) des Staates. Sokrates schildert ausführlich, daß die philosophischen Naturen, die Menschen also, die zur Philosophie geeignet sind, in den Staaten mit schlechter Verfassung in der Gefahr sind, verdorben zu werden, und, wenn sie dieser Gefahr entgehen wollen, nur die Möglichkeit haben, sich von den politischen Dingen zurückzuziehen. Doch dies ist nur eine Seite der Sache: Wo die Philosophie im Staat bestenfalls am Rande betrieben wird, ist das eine Gefahr für den Staat selbst. In einem schlechten Staat ist die Philosophie bedroht; ohne die Philosophie ist der Staat in Gefahr. Und dann folgt der Satz: »Alles Große« – genauer: »alle großen Dinge nämlich neigen zum Fallen, und wie das Sprichwort sagt, das Schöne ist wahrhaft schwer« (Politeia 497d 9 f.). Das Große und Schöne, von dem Sokrates hier spricht, ist das Gleichgewicht von Philosophie und Politik. Nur in einem gerechten Staat könne sich die Philosophie wirklich entfalten, und ohne Philosophie sei ein gerechter Staat schlechterdings nicht möglich. Unterstellt man, daß Heidegger sich über den Kontext seines Zitats im klaren gewesen ist, dann ist das, was »im Sturm steht«, das Gleichgewicht von Philosophie und Politik.

Die Rektoratsrede soll zeigen, wie dieses Gleichgewicht möglich ist. Heideggers Rede läßt sich in zwei Teile gliedern, deren erster der Philosophie und der Wissenschaft und deren zweiter der Politik gewidmet ist. Philosophie und Wissenschaft sind dabei als eine Einheit gesehen: »Alle Wissenschaft ist Philosophie, mag sie es wissen und wollen – oder nicht«, und zwar deshalb, weil sie dem griechischen »Anfang der Philosophie verhaftet« bleibt (SddU, 11). Diese These ist aus den erörterten Passagen der Platon-Vorlesung vertraut. Die Wissenschaft kann die Ursprünglichkeit ihres Entwurfs nur dann bewahren, wenn sie philosophisch ausdrücklich in die Zeit gestellt ist. Sofern die Wissenschaft die Ursprünglichkeit ihres Entwurfs verdeckt, ist es die Aufgabe der Philosophie, gegen diese Verdeckung anzuarbeiten und die Wissenschaft erst wieder in dem freizulegen, was sie in Wahrheit ist. Dazu kann Heidegger nun wieder auf den »Anfang« zurückgreifen – der Anfang bietet das Maß eines Seinsentwurfs.

Wenn alle Wissenschaft also in Wahrheit Philosophie ist, dann läßt sie sich in ihrem Wesen auch nur bestimmen, indem die Philosophie sich selbst bestimmt, und die Weise, in der Heidegger diese Bestimmung vornimmt, zeigt bereits an, wie eng die beiden Teile der Rede miteinander verklammert sind: Philosophie bestimmt Heidegger im Anschluß an ihr griechisches Verständnis als »theoría«, und derart verstanden ist sie für ihn nichts anderes als »die höchste Verwirklichung echter Praxis« (SddU, 12). Die Praxis wiederum ist gemäß der Heideggerschen Rede vor allem politischer Natur, sie ist »Arbeitsdienst«, »Wehrdienst« und »Wissensdienst« (SddU, 15). Das klingt wie eine totale Affirmation der politischen Verhältnisse; doch man darf nicht übersehen, daß die Einführung des »Wissensdienstes« für damalige Hörer verblüffend wirken mußte. Heidegger greift mit seiner Dreiteilung auch wieder auf Platon zurück und übernimmt die drei Stände der im Gedankenspiel der *Politeia* gegründeten Polis: Handwerker, Wächter und Philosophenherrscher. Er deutet die drei Stände im Sinn seiner Freiheitskonzeption als Bindungen im Möglichkeitsraum des Staates, als Bindungen, in welchen dieser erst eröffnet und zugleich frei übernommen wird.

Diese politischen »Bindungen« sollen nun zwar dem Text der Heideggerschen Rede zufolge »gleich notwendig und gleichen Ranges« (SddU, 16) sein. Doch läßt sich diese Versicherung nicht ernst nehmen, denn die Platon-Vorlesung, in deren gedanklichem Zusammenhang sich Heidegger immer noch bewegt, läßt hinsichtlich der Vorrangstellung der Philosophie keinen Zweifel; außerdem widerspricht Heideggers Versicherung dem Gedankenbild der gerechten Polis in Platons Dialog, an dem die genannte Einteilung orientiert ist: Handwerker, Wächter und Philosophenherrscher bilden hier eine Hierarchie. Eine Philosophie, die sich als »Wissensdienst« begreift, stellt sich selbst an die Spitze des Staates. Heidegger vollzieht also eine zweideutige Identifikation: Indem er die Philosophie – als »Wissensdienst« – von der Politik her versteht, ordnet er die Politik der Philosophie unter.

Das hat nun entscheidende Konsequenzen dafür, was von der Herrlichkeit und Größe des Aufbruchs eigentlich zu halten ist. Das Schicksal des Staates ist von der Philosophie abhängig und steht deshalb in einem wahrhaft bedrohlichen Sturm. Die Wissenschaft, und das heißt ja: die Philosophie, vermag letztlich allein die Wesentlichkeit des Staates zu verbürgen, und ob die Philosophie dazu imstande ist, bleibt wiederum fraglich. »Nur dann« nämlich kann die Philosophie, wie Heidegger sagt, »wahrhaft bestehen [...], wenn wir uns wieder unter die Macht des *Anfangs* unseres geistig-geschichtlichen Daseins stellen«. Und er fährt fort: »Dieser Anfang ist der Aufbruch der griechischen Philosophie.

Darin steht der abendländische Mensch aus einem Volkstum kraft seiner Sprache erstmals auf gegen das *Seiende im Ganzen* und befragt und begreift es als das Seiende, das es ist.« (SddU, 11) Wohlgemerkt, der Anfang *ist* der Aufbruch der griechischen Philosophie; »Aufbruch« und »Anfang« bezeichnen hier die beiden Aspekte des Seinsentwurfs und des ihn ermöglichenden Blicks auf das ihn Freigebende – die Zeit. »Anfang« ist das Zeitgeschehen, das »Ereignis«, und »Aufbruch« die Eröffnung des zeitlich geschehenden Möglichkeitsraumes. »Anfang« und »Aufbruch« fallen in der griechischen Philosophie zusammen. Dann aber wird man die Rede von der Herrlichkeit und Größe des gegenwärtigen Aufbruchs nicht nur und wohl nicht einmal in erster Linie als Ausdruck der Begeisterung lesen dürfen, denn der gegenwärtige Aufbruch ist ohne Anfang. Weil ein Seinsentwurf aber nur aus dem Anfang möglich ist, ist der gegenwärtige Aufbruch auch kein Seinsentwurf, sondern läßt einen solchen bestenfalls zu. Das wird wenig später mit wünschenswerter Deutlichkeit ausgesprochen:

»Der Anfang *ist* noch. Er liegt nicht *hinter uns* als das längst Gewesene, sondern er steht *vor* uns. Der Anfang ist als das Größte im voraus über alles Kommende und so auch über uns schon hinweggegangen. Der Anfang ist in unsere Zukunft eingefallen, er steht dort als die ferne Verfügung über uns, seine Größe wieder einzuholen. Nur wenn wir dieser fernen Verfügung entschlossen uns fügen, um die Größe des Anfangs zurückzugewinnen, nur dann wird uns die Wissenschaft zur innersten Notwendigkeit des Daseins. Andernfalls bleibt sie ein Zufall, in den wir geraten, oder das beruhigte Behagen einer gefahrlosen Beschäftigung zur Förderung eines bloßen Fortschritts von Kenntnissen. Fügen wir uns aber der fernen Verfügung des Anfangs, dann muß die Wissenschaft zum Grundgeschehnis unseres geistig-volklichen Daseins werden.« (SddU, 12 f.)

Der Anfang liegt vor uns, und im gegenwärtigen »Aufbruch« ist es offenbar völlig unentschieden, ob sich seine »Größe« zurückgewinnen läßt. Gegenüber Heideggers brieflicher Äußerung, gegenwärtig bleibe noch »vieles dunkel und unbewältigt«, hat sich in der Rektoratsrede nichts geändert.

Wenn Heidegger den ihm gegenwärtigen Aufbruch derart als einen Aufbruch ohne Anfang versteht, so ist auch deutlicher geworden, wieso »alles Große im Sturm steht«: Der politische Aufbruch steht in der Gefahr zu scheitern, wenn er nicht, angeleitet durch die Philosophie, zu einem Seinsentwurf führt; und die Philosophie steht in der Gefahr zu scheitern, wenn es ihr nicht gelingt, als »die höchste Verwirklichung echter Praxis« politisch zu wirken und zu einem Seinsentwurf zu führen. Heidegger hat die Philosophie in ihrem Schicksal an die Politik gebunden – aber die Politik in ihrem Schicksal auch an die Philosophie.

Das führt zu der Frage, wie Heidegger sich ein solches Wirken der Philosophie denkt. Er hat, um es zunächst allgemein zu sagen, eine Führungsrolle der Universität für den Staat im Sinn und mißt damit die Universität an der Gemeinschaft der Philosophen und ihrer Schüler, wie Platon sie im Gedankenspiel der *Politeia* durch Sokrates beschreiben läßt. Indem die Universität diesem Anspruch gerecht wird, behauptet sie sich im Sinne des Titels von Heideggers Rede selbst; das heißt auch, sie behauptet sich gegen Ansprüche, die darauf zielen, sie der Politik unterzuordnen. Daß die Universität zu einer solchen Selbstbehauptung genötigt ist, zeigt an, wie wenig Philosophie und Politik sich für Heidegger in einem Gleichgewicht befinden.

Andererseits ist klar, daß die Selbstbehauptung der Universität nicht darin bestehen kann, sich gegen das Politische abzukapseln. Vielmehr hat sie darin zu bestehen, daß die Universität sich als Ort von Philosophie und Wissenschaft durch das Politische herausgefordert fühlt und ihrerseits eine Herausforderung für das Politische ist. Diese wechselseitige Herausforderung wiederum kann ihren Ort in der Universität haben, weil hier Politik und

Philosophie aufeinandertreffen; nur indem die Universität die Herausforderung durch die Politik als Universität, im Rahmen ihrer eigenen Möglichkeiten, besteht, kann sie sich selbst behaupten.

Auf die wechselseitige Herausforderung von Philosophie und Politik kommt Heidegger am Ende seiner Rede zu sprechen, indem er die »Kampfgemeinschaft der Lehrer und Schüler« erörtert. Nichts könnte verfehlter sein, als darin martialisches Pathos zu hören. Heidegger betreibt keine nachträgliche Stilisierung, wenn er in einem 1945 verfaßten Rückblick auf seine Rektoratszeit darauf hinweist, die Rede vom Kampf sei hier im Sinne von Heraklit, Fragment 53, zu verstehen. (SddU, 28 f.) Er gibt den Gedanken der Rede vielmehr genau wieder, denn die »Kampfgemeinschaft« ist nicht die einige Truppe von Lehrern und Schülern, die sich bereitwillig dem »Aufbruch« unterstellt, sondern die Auseinandersetzung zwischen Lehrern und Schülern. Auseinandersetzung ist der Sinn des Wortes »pólemos« in Heraklits oft mißverstandenem Satz vom Krieg als dem Vater aller Dinge.

Es ist, wie die Rede klar zu verstehen gibt, eine Auseinandersetzung, bei der die Lehrer die Stelle der Philosophie und die Schüler die Stelle der Politik einnehmen: »Der Wesenswille der Schülerschaft«, so sagt Heidegger, »muß sich in die höchste Klarheit und Zucht des Wissens hinaufzwingen und die Mitwissenschaft um das Volk und seinen Staat in das Wesen der Wissenschaft fordernd und bestimmend hineingestalten.« (SddU, 18) Die »Schülerschaft« fordert also die »Lehrerschaft« durch ihren politischen Anspruch heraus und ist zugleich selbst herausgefordert; die Lehrerschaft hat sich dieser Herausforderung zu stellen, wozu sie nur imstande ist, wenn sie »zur Einfachheit und Weite des Wissens um das Wesen der Wissenschaft« (SddU, 18) gelangt, das heißt, die Wissenschaft aus ihrem zukünftigen Anfang als Philosophie versteht und sich zugleich der Herausforderung durch die politisierten Schüler stellt. Das Verhältnis von Philosophie und Politik steht im Sturm, weil es Kampf in dem Sinne ist, daß Philosophie und Politik sich gleichermaßen durch ihre wechselseitige Herausforderung erst in ihrer Wesentlichkeit erweisen müssen. Sie müssen, wie Heidegger den Begriff des Kampfes etwa anderthalb Jahre später erläutern wird, in *Auseinandersetzung* stehen, damit sie »aus einander gesetzt werden«, aus einander zur Wirklichkeit kommen können.[21]

Die Auseinandersetzung von Philosophie und Politik, wie sie zwischen Lehrern und Schülern in der Universität als ihrem Ort geführt werden soll, ist jedoch eine von ganz anderer Art. In der Rektoratsrede tritt das zwar nur schemenhaft hervor, aber man kann den Gedankengang der Rede nur dann verstehen und beurteilen, wenn man versucht, die wenigen und sparsamen Andeutungen auf diese Auseinandersetzung zu interpretieren. Heidegger spricht sie zum ersten Mal an, wenn es heißt: »Wissenschaft und deutsches Schicksal müssen *zumal* im Wesenswillen zur Macht kommen. Und sie werden es nur dann, wenn wir – Lehrerschaft und Schülerschaft – *einmal* die Wissenschaft ihrer innersten Notwendigkeit aussetzen und wenn wir zum *anderen* dem deutschen Schicksal in seiner äußersten Not standhalten.« (SddU, 10) Die Rede vom »deutschen Schicksal in seiner äußersten Not« klingt erstaunlich, wenn man sie auf die Formulierung von der Herrlichkeit und Größe des Aufbruchs bezieht. Doch auch am Pathos dieser Formulierung sind Abstriche zu machen, weil der Aufbruch eben kein Anfang ist.

Was mit der Rede von der »äußersten Not« gemeint ist, erschließt sich erst, wenn man eine andere Stelle der Rektoratsrede auf sie bezieht. Im Anschluß an den Satz, dem zufolge »die Wissenschaft zum Grundgeschehnis unseres geistigen Daseins werden« muß, wenn »wir uns der fernen Verfügung des Anfangs« fügen, sagt Heidegger:

»Und wenn gar unser eigenstes Dasein selbst vor einer großen Wandlung steht, wenn es wahr ist, was der leidenschaftlich den Gott suchende letzte deutsche Philosoph, Friedrich Nietzsche, sagte: ›Gott ist tot‹ –, wenn wir Ernst machen müssen mit dieser Verlassenheit des heutigen Menschen inmitten des Seienden, wie steht es dann mit der Wissenschaft? Dann wandelt sich das anfänglich bewundernde Ausharren der Griechen vor dem Seienden zum völlig ungedeckten Ausgesetztsein in das Verborgene und Ungewisse, d.i. Fragwürdige. Das Fragen ist dann nicht mehr nur die überwindbare Vorstufe zur Antwort als dem Wissen, sondern das Fragen wird selbst die höchste Gestalt des Wissens. Das Fragen entfaltet dann seine eigenste Kraft der Aufschließung des Wesentlichen aller Dinge. Das Fragen zwingt dann zur äußersten Vereinfachung des Blickes auf das Unumgängliche.« (SddU, 13)

Die »äußerste Not« ist die Verlassenheit des Menschen nach dem Tod Gottes. Sie nötigt zu einem anderen Anfang, als es der griechische gewesen war, zu einem Anfang, der nicht ohne die bereits erfolgte Entfernung vom ersten Anfang zu denken ist. Es ist also letztlich gar nicht der griechische Anfang, der »vor uns« steht, vielmehr spannen der gewesene erste Anfang und der zukünftige andere Anfang einen gewaltigen Zeitraum; mit ihm wäre das Sein auf die Zeit hin entworfen. Aber die Mitte dieses Zeitraums hätte die Gegenwart zu sein – erst wenn man über den gegenwärtigen Aufbruch zur Klarheit kommt, sind die beiden Anfänge »aus einander gesetzt«. Der zukünftige Anfang läßt sich nur aus dem gewesenen bestimmen, und die Gewesenheit des ersten fordert einen anderen Anfang. Noch ist die Gegenwart dunkel und unbewältigt.

Das »deutsche Schicksal« ist das Schicksal eines »in seinem Staat sich selbst wissenden Volkes« (SddU, 10). Wenn dieses Wissen aber von der »Verlassenheit des heutigen Menschen« nichts weiß, ist es mit ihm nicht allzuweit her; und allzuweit her kann es mit ihm nicht sein, wenn Heidegger noch fordern muß, dem Schicksal, in das dieses Wissen gehört, »standzuhalten«: Heideggers Frage, was ist, »wenn wir Ernst machen müssen mit dieser Verlassenheit des heutigen Menschen«, hat nur Sinn, wenn mit ihr noch nicht Ernst gemacht ist. Die Herrlichkeit und Größe des Aufbruchs verdeckt das eigentliche Problem, und die Philosophie deckt es auf. Die Herrlichkeit und Größe des Aufbruchs steht in der Gefahr, zur Uneigentlichkeit zu werden.

Daß Heidegger in der Tat so gedacht hat, geht aus seinem Brief an Elisabeth Blochmann vom 30. März 1933 hervor. In der gegenwärtigen Situation, so schreibt er, müsse »in aller Ruhe jenes überall aufschießende und allzu eilige Mitlaufen mit den neuen Dingen hingenommen werden«. Und weiter heißt es:

»Jenes Sichankleben an das Vordergründliche, das nun plötzlich alles und jedes ›politisch‹ nimmt ohne zu bedenken, daß das nur *ein* Weg der ersten Revolution bleiben kann. Freilich kann das für Viele ein Weg der ersten Erweckung werden und geworden sein – gesetzt, daß wir uns für eine zweite u. tiefere vorzubereiten gesonnen sind. Die Auseinandersetzung mit dem ›Marxismus‹ u. dem ›Zentrum‹ muß in ihrem eigentlichen Sinn versacken, wenn sie nicht heranreift zu einer Auseinandersetzung mit dem Widergeist der kommunistischen Welt und nicht minder mit dem absterbenden Geist des Christentums. Sonst bleibt alles eine große Zufälligkeit belastet mit der Gefahr, daß wir – mit den entsprechenden Abwandlungen natürlich – in ein Zeitalter hineingeraten wie es die Jahreszahlen 1871-1900 abstecken. Wir dürfen allerdings durch solche Befürchtungen weder die Wucht des Geschehens heute uns verkleinern noch dürfen wir es schon als Versicherung dafür nehmen, daß unser Volk damit schon seinen verborgenen Auftrag – an den wir glauben – begriffen u. die letztwirkenden Mächte für seinen neuen Gang gefunden hat.« (HBBr, 60)

Im Anschluß an dieses Zitat ist die Frage, wie Heidegger 1933 gedacht hat, eindeutig zu beantworten. Diskutierbar ist dann einzig noch, wie seine Lagebeurteilung zu interpretieren ist. Die zitierte Briefstelle gibt Gelegenheit, dies nun zusammenfassend zu tun.

Heidegger sieht die Gefahr einer Verselbständigung des Politischen; die politische Revolution darf nur Anlaß für eine »Erweckung« sein, bei der es darum gehen muß, sich in jenem durch die beiden Anfänge gespannten Zeitraum zu verstehen. Aber mehr noch: Wenn er sagt, daß das Gegenwärtige nur »*ein* Weg der ersten Revolution sein kann«, so wird deutlich, daß er sich diesem Weg nicht ideologisch verpflichtet fühlt. Man wird deshalb auch nicht sagen können, daß Heidegger den Nationalsozialismus philosophisch überhöht; man wird höchstens sagen können, daß er dem Aufbruch, also dem revolutionären Moment des Nationalsozialismus, eine philosophische Interpretation zuteil werden läßt: Andere Wege der »ersten Revolution« wären offenbar möglich, und so spricht sich darin zumindest eine gewisse Distanz zur historisch bestimmten Gestalt des beschrittenen Weges aus.

Zum anderen läßt sich der zitierten Passage auch entnehmen, wie gründlich die politische Beurteilung des Nationalsozialismus danebengreift: Heidegger sieht die Gefahr darin, daß wir »in ein Zeitalter hineingeraten, wie es die Jahreszahlen 1871-1900 absteken«. Er spielt also für seine Gegenwart auf die Gefahr an, daß es zu einer Restauration im Sinne des Bismarck-Reiches und der wilhelminischen Gründerzeit kommt – eine Vorstellung, die, wenn man sie von heute aus betrachtet, abwegiger nicht sein kann. Heideggers Befürchtungen sind die eines Revolutionärs eigener Art. Es ist, wie der Brief noch einmal deutlich zeigt, eine »zweite und tiefere« Revolution, auf die es ihm ankommt. Gegenüber der politischen Wirklichkeit des Nationalsozialismus war Heidegger allem Anschein nach blind, oder er hat sie verdrängt; davor hat ihn die Subtilität seiner Überlegungen zum Verhältnis von Philosophie und Politik, wie sie unter der rhetorischen Oberfläche der Rektoratsrede hervortritt, nicht bewahrt. Seine Überlegungen hätten schließlich auch zu der Frage führen können, ob die Nationalsozialisten einer philosophischen Herausforderung überhaupt gewachsen waren.

Dennoch: Heidegger opfert die Philosophie nicht der Politik, er ordnet sie der Politik nicht unter und stellt sie nicht einmal in ihren Dienst. Er ist gegenüber den Möglichkeiten des Politischen skeptisch gewesen, ohne daß sich seine Skepsis gegen die Faszination des Aufbruchs durchgesetzt hätte. Sofern die Rektoratsrede beides, Skepsis und Faszination, zum Ausdruck bringt, ist sie von einer Zweideutigkeit, die Karl Jaspers in seiner Reaktion hellsichtig formuliert hat. Am 23. August 1933 schreibt er an Heidegger:

»Ich danke Ihnen für Ihre Rektoratsrede. Es war mir lieb, daß ich sie nach der Zeitungslektüre nun in authentischer Fassung kennenlernte. Der große Zug Ihres Ansatzes im frühen Griechentum hat mich wieder wie eine neue und sogleich wie selbstverständliche Wahrheit berührt. Sie kommen darin mit Nietzsche überein, aber mit dem Unterschied, daß man hoffen darf, daß Sie einmal philosophisch interpretierend verwirklichen, was Sie sagen. Ihre Rede hat dadurch eine glaubwürdige Substanz. Ich spreche nicht von Stil und Dichtigkeit, die – soweit ich sehe – diese Rede zum bisher einzigen Dokument eines gegenwärtigen akademischen Willens macht, das bleiben wird. Mein Vertrauen zu Ihrem Philosophieren, das ich seit dem Frühjahr und unseren damaligen Gesprächen in neuer Stärke habe, wird nicht gestört durch Eigenschaften dieser Rede, die zeitgemäß sind, durch etwas darin, was mich ein wenig forciert anmutet und durch Sätze, die mir auch wohl einen hohlen Klang zu haben scheinen. Alles in allem bin ich nur froh, daß jemand so sprechen kann, daß er an die echten Grenzen und Ursprünge rührt.« (HJBr, 155)

Die Zweideutigkeit von Heideggers philosophisch-politischer Situationsbestimmung liegt, wie sich gezeigt hat, darin, daß Heidegger den politischen Aufbruch als den möglichen ersten Schritt in den anderen Anfang versteht. Diese Einschätzung ist korrigierbar; es kann sich erweisen, daß der Aufbruch nicht im Sinne des anderen Anfangs war. Doch das allein genügt nicht, wenn man vergleichbaren Irrtümern vorbeugen will; dann muß man sicherstellen, daß jeder Zweifel im Hinblick darauf, ob ein Aufbruch im Sinne des anderen Anfangs verstanden werden kann oder nicht, von vornherein unmöglich ist.

Im folgenden wird sich zeigen, daß Heidegger seine Konzeption des Seinsentwurfes genau in dieser Hinsicht revidiert hat, und zwar gewiß unter dem Eindruck seines politischen Desasters. Vor allem wohl das Scheitern seiner universitätsreformerischen Bemühungen während der Rektoratszeit hat ihn davon überzeugt, daß der Aufbruch von 1933 nicht die Befreiung der in der Höhle Gefangenen von ihren Fesseln war, so daß nun der Aufstieg ins Freie angetreten werden könnte. Die Distanz zur politischen Gegenwart und mit ihr eine andere Diagnose des Gegenwärtigen ist 1936 eindeutig, aber schon 1934 spürbar. Doch wenn auch das Motiv für Heideggers Revision im Bereich der politischen Erfahrung liegt, die Folgen dieser Revision sind wesentlich philosophische.

Bedenkt man noch einmal den zentralen Gedanken der Rektoratsrede, so wird deutlich, an welcher Stelle die Revision anzusetzen hat. Der Gedankengang der Rede steht und fällt mit der Annahme, daß Aufbruch und Anfang zur Deckung kommen können; durch den griechischen Aufbruch, der zugleich ein Anfang war, ist das für Heidegger ausdrücklich bezeugt. Doch der griechische Aufbruch und Anfang ist nur ein Vorzeichen für das Zukünftige – nicht im Sinne des Kommenden, sondern im Sinne des Aufgegebenen, das Heidegger mit seiner Rede als solches herausstellen will. Das Aufgegebene wiederum kann und soll ergriffen werden, wo sich die Möglichkeit dazu bietet; es kann und soll aus eigener Kraft bewältigt werden.

Bereits in seiner Rede spricht Heidegger im Hinblick darauf eine zweideutige Sprache. Einerseits artikuliert er die Forderung, es sei Ernst zu machen mit Nietzsches Wort vom Tode Gottes, und damit nimmt er einen Gedanken auf, der schon in seiner Skizze des Aristoteles-Projektes zu finden war. Ich erinnere an die

Formulierung, der zufolge die Philosophie als solche eine »Handaufhebung« gegen Gott ist. Diese »Handaufhebung« sieht Heidegger inzwischen als vollzogen an, und insofern steht es nur noch bevor, mit ihr »Ernst zu machen«. Doch andererseits, und auch dies hält sich wieder ganz im Gedankenkreis der Projektskizze, nennt Heidegger Nietzsche den Philosophen, der leidenschaftlich den Gott suchte. Was das erste angeht, so fügt sich zu ihm ein Verständnis von Philosophie, das bereits im Titel der Rede genannt ist. Philosophie ist Selbstbehauptung, und zwar nicht Selbstbehauptung im institutionellen Rahmen der Universität, sondern in erster Linie Selbstbehauptung des Daseins nach dem Tode Gottes; dafür ist die deutsche Universität nur der Ort. Was das zweite angeht, so gehört in seinen Umkreis die Aussage, der zufolge die Heutigen sich der Verfügung des Anfangs »zu fügen« hätten. Ein solches Sich-Fügen scheint mit Selbstbehauptung nur schwer vereinbar zu sein. Der erste Anfang und der andere Anfang stehen in einem seltsamen Kontrast, wenn der erste zu übernehmen ist und der andere in der Selbstbehauptung besteht. Der Gedanke der Selbstbehauptung aber macht Heidegger eine zustimmende Deutung des politischen Aufbruchs überhaupt möglich. Der Aufbruch ist der Aufbruch zu einem Anfang, den es zu machen gilt.

Das ist ganz in der Konzeption des Seinsentwurfs gedacht. Doch die Uneindeutigkeit der Gegenwart nötigt Heidegger dazu, auch anders zeitlich zu denken. Der Hinweis auf den gewesenen ersten Anfang und den zukünftigen neuen hat seinen Ort in einer Gegenwart, die inmitten der Zeitlichkeit steht; die Uneindeutigkeit der politischen Lage zwingt Heidegger in die Zeitkonzeption von *Sein und Zeit* zurück. Doch diese Konzeption bleibt von der des Seinsentwurfes überlagert – Gewesenheit und Zukunft sind nun durch die beiden Anfänge bestimmt. Wenn die »Auseinandersetzung« der beiden Anfänge einen Zeitraum öffnet, in dem die Gegenwart zur Klarheit kommt, so ist umgekehrt die Klarheit der Gegenwart von der Offenheit dieses Zeitraums abhängig. Der Zeitraum bleibt aber nur offen, solange der andere Anfang zukünftig ist und zukünftig bleibt. Die Selbstbehauptung in einem neuen Anfang und die Offenheit des Zeitraumes zwischen den beiden Anfängen passen nicht zueinander. Wo ein Zeitraum eröffnet ist, können Aufbruch und Anfang dann auch nicht zur Deckung kommen. Ein Aufbruch, ein Seinsentwurf könnte nicht mehr als die beiden Anfänge »aus einander setzen«. Der griechische Aufbruch war kein Anfang, und auch der gegenwärtige ist es nicht. Der Anfang läßt sich durch keinen Aufbruch »wieder einholen« (SddU, 13). Er ist der Selbstbehauptung unverfügbar.

Es ist ein weiteres Zeichen für die Zweideutigkeit der Rektoratsrede, daß auch dies in ihr schon anklingt: Heidegger kann über das philosophische Wissen sagen, es müsse »seinen höchsten Trotz entfalten, für den erst die ganze Macht der Verborgenheit des Seienden aufsteht, um wirklich zu versagen« (SddU, 11); er kann wenig später hinzufügen, wo mit dem Tode Gottes Ernst gemacht würde, wandle sich »das anfänglich bewundernde Ausharren der Griechen vor dem Seienden zum völlig ungedeckten Ausgesetztsein in das Verborgene und Ungewisse, d.i. Fragwürdige« (SddU, 13); und er kann schließlich von der Wissenschaft, die ihr Wesen will, fordern, sie müsse »vorrücken in die äußersten Posten der Gefahr der ständigen Weltungewißheit« (SddU, 14). Das aber heißt doch: Die Wissenschaft, die Philosophie muß sich gegen die Etablierung einer neuen Welt wehren; sie muß sich jedem Aufbruch versagen, der mit dem Anspruch einer Klärung des gegenwärtig Unentschiedenen und Unbewältigten auftritt. Sie kann auf politische Aufbrüche nicht setzen. Diese Konsequenz wird Heidegger ziehen. Das Gleichgewicht von Philosophie und Politik hält dem Sturm nicht stand.

5. Der unverfügbare Anfang

Heideggers Hölderlin: Die Götter, der Gott und die dürftige Zeit

Mit einem Brief vom 12. April 1934 reicht Heidegger beim zuständigen Minister als Rektor der Freiburger Universität sein Rücktrittsgesuch ein.[22] Welche inneruniversitären Querelen dafür auch immer der Anlaß gewesen sein mögen, selbst ein Forscher wie Hugo Ott, dessen Blick auf Heidegger nicht durch große Sympathie getrübt ist, hält es für gewiß, daß Heideggers eigentlicher Rücktrittsgrund das Scheitern seines philosophisch-politischen Programms gewesen ist.[23] Glaubt man Heideggers eigenem Zeugnis, hat er erst 1935 wieder zur philosophischen Arbeit zurückgefunden. Am 1. Juli 1935 schreibt er an Karl Jaspers, »erst seit einigen Monaten« habe er »den Anschluß an die im Winter 32/3 (Urlaubssemester) abgerissene Arbeit wieder erreicht« (HJBr, 157; Nr. 120). Das deutet auf die Vorlesung *Einführung in die Metaphysik* (GA 40) hin, die Heidegger im Sommersemester 1935 hält und mit der er in der Tat einen neuen Anlauf zur Artikulation seiner Fragestellung unternimmt.

In seinem Brief übergeht Heidegger die Vorlesung aus dem Wintersemester 1934/35 über *Hölderlins Hymnen »Germanien« und »Der Rhein«* (GA 39). Das ist insofern verständlich, als diese Vorlesung nicht zu philosophischen Klärungen vorstößt, mit denen Heidegger hätte zufrieden sein können. Er hatte, wie er am 21. Dezember 1934 an Elisabeth Blochmann schreibt, für den

Sommer 1935 zunächst vor, die Hölderlin-Vorlesung fortzusetzen (HBBr, 84), doch offenbar war es ihm noch nicht gelungen, die erörterte Sache soweit zu bewältigen, daß er eine Fortsetzung für aussichtsreich hielt. Zumindest heißt es in dem genannten Brief: »An eine Veröffentlichung [über Hölderlin] denke ich nicht. Dazu bin ich der ganzen Dichtung noch zu wenig gewachsen.« (HBBr, 84) Erst 1936 faßt Heidegger einige Grundlinien seiner Hölderlin-Vorlesung zu einem Vortrag über *Hölderlin und das Wesen der Dichtung* zusammen, den er am 2. April dieses Jahres in Rom hält.

Trotzdem nimmt die Hölderlin-Vorlesung in Heideggers Entwicklung eine besondere Stelle ein. Das Scheitern seines philosophisch-politischen Programms treibt Heidegger in eine Beschäftigung mit der Kunst, und diese wiederum entzündet sich für ihn an der Dichtung Hölderlins. Aus Heideggers eigener Perspektive hat es sich wohl so darstellen müssen, daß die erste der Hölderlin-Vorlesungen – zwei weitere wird er erst 1941 und 1942 halten – nur das Dokument eines ersten, noch unvollkommenen Orientierungsversuches war. Für den späteren Leser erweist sich die erste Hölderlin-Vorlesung als der Text, in dem Heideggers Versuche zur Neuorientierung am besten faßbar sind, weil etwas Neues hier erst im Entstehen ist. Die entscheidenden Motive liegen offen zutage, und es lassen sich auch schon die Linien erkennen, die Heidegger weiter verfolgen wird. Mit der ersten Hölderlin-Vorlesung zeichnen sich bereits deutlich die Konturen seiner radikal gegenwartskritischen Philosophie der späten dreißiger Jahre ab.

Aber mehr noch, die Konstellation von Heideggers Grundgedanken und Gedankenmotiven ändert sich nun nicht mehr wesentlich. Heidegger wird die Leitmotive der ersten Hölderlin-Vorlesung gründlicher ausarbeiten und dabei modifizieren; auch der Gestus seines Philosophierens wird sich noch wandeln. Die expressive und oft gewaltsame Sprache weicht mit dem Alter einem zurückgenommenen Stil, in dem begriffliche Festlegungen zunehmend vermieden werden. Die Texte Heideggers, die zum Spätwerk gehören, sind jedoch gedanklich nicht nachzuvollziehen oder zu rekonstruieren, wenn man sie nicht im Zusammenhang der Vorlesungen und Schriften liest, die Heidegger zwischen 1934 und 1938 verfaßt hat. Wenn die Gedankenkonstellation Heideggers sich seit dieser Zeit im wesentlichen nicht mehr ändert, läßt sich im Anschluß an die ihr zugehörigen Texte auf das Spätere verweisen.

Der vorhin zitierte Brief Heideggers an Jaspers ist kein Ausdruck der Zufriedenheit über die wiedergewonnene Kontinuität der philosophischen Arbeit, sondern ein Zeichen der Depression. Was er zustande bringt, ist, wie Heidegger sagt, »ein mühsames Tasten«, »ein dünnes Gestammel«; dem setzt er hinzu: »und sonst sind ja auch zwei Pfähle – die Auseinandersetzung mit dem Glauben der Herkunft und das Mißlingen des Rektorats – gerade genug an solchem, was wirklich überwunden sein möchte« (HJBr, 157). Die Metapher vom »Pfahl im Fleisch« stammt aus dem 2. Korintherbrief des Paulus und bezeichnet dort den »Engel Satans«, der die Überheblichkeit verhindert und so auf die Gnade Gottes allein verweist. (2. Kor. 12, 7) Heidegger spricht zwar von zwei Pfählen, doch genauer betrachtet gehören die beiden Momente seines Lebens, die er hier nennt, zusammen: »Mißlungen« ist das Rektorat – oder besser: das philosophisch-politische Programm, für das hier die Chiffre »das Rektorat« steht – ja nicht zuletzt als der Versuch einer »Auseinandersetzung mit dem Glauben der Herkunft«. Es ist mißlungen, mit dem Tod Gottes »Ernst zu machen« und die Erfahrung der »Verlassenheit des heutigen Menschen« in einen politischen Aufbruch zu »ständiger Weltungewißheit« zu übersetzen; der Versuch, im politischen Aufbruch den möglichen Beginn einer »Auseinandersetzung [...] mit dem absterbenden Geist des Christentums« (HBBr, 60) zu verorten, hat sich nicht aufrechterhalten lassen. Damit ist der Weg zu einem neuen Anfang jenseits der alten Welt verschlossen. Verschlossen ist natürlich weiterhin die Rückkehr zum »Glauben der Herkunft«, der dieser alten Welt angehört; aber der Anspruch, der mit diesem Glauben artikuliert ist, läßt sich nicht einfach aufkündigen, ohne in den prekären Gestus der Selbstbehauptung zu verfallen.

Heideggers Neuorientierung mit Hölderlin will genau dieser Situation begegnen; sie ist ein neuer Versuch im Hinblick auf die Eigentlichkeit der zurückgekehrten Geschichte. Hölderlin ist, wie Heidegger es in seinem Vortrag aus dem Jahr 1936 zusammenfaßt, der Dichter »der entflohenen Götter und des kommenden Gottes« (GA 4, 47); Hölderlin ist damit zugleich der Dichter einer gottlosen und darin »dürftigen« Zeit; Hölderlin ist der Dichter der Gegenwart als der Zwischenzeit, der Zeit zwischen der Götterflucht und dem vorenthaltenen Kommen »des Gottes«. Hölderlins Dichtung sagt jetzt für Heidegger, was an der Zeit ist.

Es hat immer wieder irritierend gewirkt, daß Heidegger nun ungeschützt und vorbehaltlos von »den Göttern« und »dem Gott« spricht. Man hat darin den bedauerlichen Verfall des begriffsscharfen Daseinsanalytikers zu einem »Mythologen« sehen wollen. Dagegen wird man gewiß nicht nur einwenden können, daß Heidegger, wo er so redet, Dichtungen auslegt, statt philosophische Gedanken zu entfalten. Die *Beiträge zur Philosophie*, Heideggers Hauptwerk der dreißiger Jahre, schließen mit einem Kapitel, das bereits in der Überschrift den »letzten Gott« nennt, und auch in Heideggers späteren Texten ist ohne jede Brechung von »dem Gott« und »den Göttlichen« die Rede.[24] Die Rede von »dem Gott« und »den Göttern« oder »den Göttlichen« ist offenbar auch philosophisch ernst gemeint. Doch wie sie gemeint ist, läßt sich nur klären, wenn man sich auf Heideggers Hölderlin-Interpretation in ihren Grundlinien einläßt.

Als ob er die Kritik von Jaspers an der Rektoratsrede noch im Ohr hätte, gibt Heidegger gleich zu Beginn seiner Hölderlin-Vorlesung an, was von ihr zu erwarten ist und was nicht: »Es soll nicht etwas Griffiges und Gangbares für Tagesbedürfnisse angeboten und gar die Vorlesung damit in Empfehlung gebracht werden, so daß die verderbliche Meinung entstehen könnte, wir wollten Hölderlin eine billige Zeitgemäßheit verschaffen. Wir wollen nicht Hölderlin unserer Zeit gemäß machen, sondern im Gegenteil: wir wollen uns und die Kommenden unter das Maß des Dichters bringen.« (GA 39, 4) Es soll, wie es wenig später heißt, »unser Dasein zum Lebensträger der Macht der Dichtung« (GA 39, 19) werden.

Heidegger formuliert hier eine strikte Alternative: Entweder die Dichtung wird »zeitgemäß« gemacht, oder man bringt sich unter ihr Maß; entweder man orientiert sich an den »Tagesbedürfnissen«, oder man wird im Dasein zum Lebensträger der Dichtung in ihrer Macht. Letzteres ist dann allein angemessen, wenn eine Dichtung in ihrer Besonderheit sich den Tagesbedürfnissen und den an ihnen orientierten Deutungsversuchen widersetzt; und letzteres ist geboten, wenn die eigene Zeit sich ohne die Dichtung noch nicht einmal artikulieren läßt.

So aber verhält es sich für Heidegger: »Unsere eigene geschichtliche Zeit kennen wir nicht. Die Weltstunde unseres Volkes ist uns verborgen. Wir wissen nicht, wer wir sind, wenn wir nach unserem Sein, dem eigentlich zeitlichen, fragen.« (GA 39, 50) Unsere »eigentlich geschichtliche Zeit« kennen wir dann nicht, wenn zu dieser wesentlich eine Zukunft gehört, mit der zugleich sich die Gewesenheit bestimmt; wir kennen sie dann nicht, wenn sie sich nur in einem Seinsentwurf kennen läßt und ein souveräner, sich selbst behauptender Seinsentwurf unmöglich geworden ist. Dann muß man sich den Seinsentwurf durch die »unzeitgemäße« Dichtung vorgeben lassen.

Daß die Dichtung für Heidegger als Seinsentwurf zu verstehen ist, weiß man aus seiner Platon-Vorlesung. Doch hat sich seitdem der Stellenwert der Dichtung ebenso verändert wie seine Konzeption des Seinsentwurfs. Die Dichtung macht nicht mehr nur »das Seiende seiender«, indem sie es eigens im Zusammenhang des Unbestimmten zur Sprache bringt. Sie ist nunmehr der eigentliche Entwurf des Seins auf die Zeit. Die Dichtung Hölderlins, auf die alle diese Charakterisierungen bezogen sind, ist »eine Zeitentscheidung im Sinne der *ursprünglichen Zeit* der Völker« (GA 39, 51). Doch »Zeitentscheidung« oder Seinsentwurf ist Hölderlins Dichtung nicht als Entwurf einer neuen Welt, sondern darin, daß sie die Gegenwart, so wie sie ist, auf Gewesenheit und Zukunft hin öffnet.

Das wiederum geschieht, indem Hölderlins Dichtung die Flucht der Götter und das vorbehaltene Kommen des Gottes zur Sprache bringt. Die Flucht der Götter verweist auf die Gewesenheit und das vorbehaltene Kommen des Gottes auf die Zukunft. Man kann zunächst einmal unterstellen, daß dies für Heidegger das Entscheidende ist – die Götter und der Gott sind Chiffren der Gewesenheit und der Zukunft.

Dennoch bleibt es erläuterungsbedürftig, warum Gewesenheit und Zukunft in den Chiffren der Götter und des kommenden Gottes zur Sprache kommen müssen. Der Grund dafür ist der problematische Charakter der Selbstbehauptung: Daß die Götter gewesen sind, heißt nicht, daß es sie zu einer historisch bestimmbaren Zeit einmal gegeben hat, sondern daß man sich noch nicht einmal atheistisch verstehen kann, ohne von ihnen zu sprechen; die Rede von den Göttern bildet ein integrales Moment des Selbstverstehens auch dann, wenn man nicht mehr an sie glaubt. Wollte man mit dem »Tod Gottes« in einer Selbstbehauptung des

Menschen Ernst machen, so wäre diese Selbstbehauptung allein schon dadurch bodenlos, daß sie an etwas gebunden bleibt, dem sie sich nicht mehr stellen will. Daß das Kommen »des Gottes« zukünftig vorbehalten ist, heißt nicht, mit diesem Kommen sei in irgendeiner Weise zu rechnen oder es sei daran zu glauben. Wenn Heidegger vom »kommenden Gott« spricht, so ist das keine Rede, die den Status einer Verkündigung hat. Der »kommende Gott« ist anonym, er ist kein Gott einer Offenbarung, und er kann es nicht sein, weil alle Offenbarungen zum Gewesenen gehören; zu den gewesenen Göttern gehört bei Hölderlin – und Heidegger – auch der christliche. Dem zukünftig vorbehaltenen Kommen des Gottes entspricht darum auch nicht die Erwartung eines Verheißenen. Die Rede vom »kommenden Gott« soll einen Aspekt der Gegenwart zu verstehen geben: daß die Gegenwart nicht ohne den »Vorbehalt« der Zukunft zu denken und eigentlich zu erfahren ist – ebensowenig wie auch ohne die »Verweigerung« des »Gewesenen«, ohne dies also, daß es verwehrt und verweigert ist, sich noch den »alten Göttern« zu unterstellen. In einem späten Vortrag, der den Titel jenes gescheiterten Projektes wieder aufnimmt, *Zeit und Sein* aus dem Jahr 1962 (SD), wird Heidegger die Gewesenheit selbst als »Verweigerung« und die Zukunft selbst als »Vorenthalt« bestimmen.

Verweigerung und Vorenthalt aber kommen in der Dichtung Hölderlins so zur Sprache, daß sie in einem Verhältnis zur Problematik von Selbstbehauptung und Gotteserfahrung stehen. Indem die Götter als das Verweigerte und der kommende Gott als das Vorenthaltene genannt werden, macht die Dichtung die Bodenlosigkeit der Selbstbehauptung ausdrücklich. Das wiederum vermag sie, weil Verweigerung und Vorenthalt ihrer eigentümlichen Sprachform entsprechen. Wenn Hölderlin von den Göttern und dem kommenden Gott dichtet, so evoziert er keine Vorstellungen, die sich in Begriffe übersetzen und derart erklären ließen;

Dichtung ist keine Kunstreligion im Sinne der Hegelschen Ästhetik. In ihr ist kein Absolutes, das auch philosophisch artikuliert werden kann, in Bilder gefaßt. Sondern die Bildersprache der Dichtung spricht als solche das Entzogene unmittelbar aus.

Deshalb weist Heidegger in seiner Vorlesung darauf hin, man solle nicht versuchen, »in dem Bildzusammenhang unserer Dichtung [...] nach seiner größtmöglichen verdeutlichenden Kraft Ausschau [zu] halten, sondern umgekehrt« müsse man ihn »in seiner verhüllenden Kraft anzueignen versuchen« (GA 39, 119); und zuvor heißt es: »Nicht verdeutlichen soll das Bild, sondern verhüllen, nicht geläufig machen, sondern selten, nicht näherbringen, sondern in die Ferne stellen« (GA 39, 116). Das kann die Philosophie offenbar nicht: Begriffliche Bestimmungen, wie schwer zu verstehen sie auch sein mögen, sind letztlich dem Anspruch der Verständlichkeit unterstellt, und derart können sie das Entzogene nicht wirklich angemessen zur Sprache bringen. Und wenn das Entzogene das Verweigerte und das Vorenthaltene ist, so heißt das, daß die Philosophie es nicht vermag, eine bestimmte Erfahrung der Zeit entspringen zu lassen; philosophisch ist es unmöglich, in eine bestimmte Zeit zu versetzen, weil die Philosophie immer nur allgemeine Bestimmungen der Zeit geben kann. Sie kann zwar die Notwendigkeit, sich zeitlich und damit auch geschichtlich zu verstehen, immer wieder zur Geltung bringen. Aber so kann sie auf eine Zeiterfahrung nur hinführen oder in eine Zeiterfahrung nur einweisen, die anderswo, nämlich in der Dichtung, eröffnet ist. Die Dichtung vermag in eine bestimmte Zeit zu versetzen, weil »die Stimme« des »dichterischen Sagens gestimmt« ist und »der Dichter aus einer Stimmung spricht, welche Stimmung den Grund und Boden be-stimmt und den Raum durchstimmt, auf dem und in dem das dichterische Sagen ein Sein stiftet« (GA 39, 79).

Heidegger will nicht sagen, die Dichtung sei Ausdruck von

Gefühlen oder sonstigen Befindlichkeiten. Er macht sich, wo er von der Stimmung spricht, vielmehr den Doppelsinn des Wortes zunutze: Stimmung heißt sowohl »Gemütslage« wie auch »Tonlage«. Wenn es heißt, die »Stimme« des Dichters müsse »gestimmt« sein, so ist dabei also auch an die Stimmung eines Instrumentes zu denken, daran, daß die gespannten Violinsaiten in einem eindeutigen Verhältnis zueinander stehen müssen, damit der Ton entsprechend schwingen kann. In diesem Sinne spricht Heidegger auch vom »Schwingungsgefüge des Sagens« (GA 39, 15) und meint damit den ebenso schwer faßbaren wie unbestreitbaren Ton eines Gedichtes, den Rhythmus seiner Sprache, die Stimmigkeit seiner Bilder und deren Abfolge. Hat man ein Ohr für dichterische Sprache, wird man nicht bestreiten, daß beispielsweise der Hexameter anders klingt als ein Jambus oder ein Trochäus; man wird dann auch nicht bestreiten wollen, daß der jeweils besondere Klang jeweils anders erfahren wird, daß er in eine je andere »Stimmung« versetzt. Aber mehr noch, ein Gedicht evoziert nicht einfach bestimmte Vorstellungen, sondern bringt *Einstellungen* zur Sprache – ein Gedicht ist Klage oder Lobpreis, Ermutigung oder Erwartung. Und es ist um so mehr Gedicht, je weniger die in ihm artikulierte Einstellung in einen jeweiligen Lebenszusammenhang gehört; ein Gedicht ist gleichsam eine Einstellungspartitur, die immer wieder neue Aufführungen zuläßt und sogar fordert. Gewiß kann ein Gedicht mehr als nur eine Einstellung zur Sprache bringen, und oft ist das auch so. Dann aber gehört das Zusammenspiel der im Gedicht zur Sprache gebrachten Einstellungen mit in sein »Schwingungsgefüge«, ja, es macht dieses Schwingungsgefüge sogar wesentlich aus.

Sofern Einstellungen in sich Zeitcharakter haben – an Klage und Erwartung ist das unmittelbar einsichtig –, hat ein Gedicht dadurch, daß es eine Einstellungspartitur ist, auch den Charakter einer Zeiterfahrungspartitur. Ein Gedicht artikuliert eine bestimmte, gewiß oft sehr komplexe Zeiterfahrungsmöglichkeit. Und da es diese als Einstellungspartitur artikuliert, muß es auch das, worauf die Einstellungen gerichtet sind, zur Sprache bringen. Lob und Klage beziehen sich immer auf etwas oder jemanden.

Das führt auf Hölderlins dichterische Rede von den Göttern zurück. Und es wird wohl endgültig klar, daß diese Rede alles andere als die Heraufbeschwörung eines überholten Denk- und Redemusters ist, vielmehr ist sie eine Möglichkeit, die eigene Gegenwart zur Sprache zu bringen – die eigene Gegenwart im Kontext einer geschichtlichen Zeit. Indem die Verweigerung, die in der Gewesenheit liegt, und der Vorenthalt, der die Zukunft ausmacht, im Nennen der Götter und des Gottes zur Sprache kommen, ist eine der Zeit entsprechende Einstellung möglich, und zwar eine Einstellung, die mit der Unverfügbarkeit des Göttlichen der Unverfügbarkeit von Zukunft und Gewesenheit Rechnung trägt. Indem die Zeit mit den Chiffren der Götter und des Gottes zur Sprache kommt, kann sie selbst in bestimmter Weise artikuliert und erfahren werden.

Was derart aus Hölderlins Dichtung für Heidegger spricht, ist »heilig trauernde, aber bereite Bedrängnis« (GA 39, 139). Es ist der Verzicht auf die gewesenen Götter, der ihre »Göttlichkeit« bewahrt und damit »die entschlossene Bereitschaft für das Erharren des Göttlichen« ist. Das ist für Heidegger das Entscheidende: Die Götterferne, die Hölderlins Dichtung zur Sprache bringt, ist eine eigene Erfahrung des »Göttlichen«, und deshalb kann ihre Grundstimmung auch »heilig« genannt werden. Die Grundstimmung der Hölderlinschen Dichtung schließt die Einstellung der Selbstbehauptung radikal aus. Heidegger hat eine Möglichkeit gefunden, dem Grundproblem der Rektoratsrede zu entgehen.

Aber nicht nur das. Heidegger hat auch eine Möglichkeit gefunden, das Verhältnis zur Religion, wie es ihn schon in der Habilitationsschrift und der Aristoteles-Skizze beschäftigt, angemes-

sen zu formulieren, es ist ihm gelungen, den Verzicht auf die Un-
mittelbarkeit religiöser Erfahrung mit ihrer Bewahrung in Einklang zu bringen. Wie zentral das für die Heideggersche Philosophie der späten dreißiger Jahre ist, dokumentieren die *Beiträge
zur Philosophie.* Sie sind auf das Kapitel mit der Überschrift »Der
letzte Gott« hin komponiert, und bereits im zweiten Abschnitt
dieses Kapitels heißt es:

»Wir rücken in den Zeit-Raum der Entscheidung über die Flucht und Ankunft der Götter. Aber wie dies? Wird das Eine oder das Andere künftiges
Geschehnis werden, muß das Eine oder das Andere die bauende Erwartung bestimmen? Oder ist die Entscheidung der Eröffnung eines ganz anderen Zeit-Raumes für eine, ja die erste gegründete Wahrheit des Seyns,
das Ereignis? Wie, wenn jener Entscheidungsbereich im Ganzen Flucht
oder Ankunft der Götter, eben das Ende selbst wäre? Wie, wenn darüber
hinaus das Seyn erstmals in seiner Wahrheit begriffen werden müßte als
die Ereignung, als welche sich Jenes ereignet, was wir die *Verweigerung*
nennen? Das ist weder Flucht noch Ankunft, auch nicht sowohl Flucht als
auch Ankunft, sondern ein Ursprüngliches, die Fülle der Gewährung des
Seyns in der Verweigerung. Hierin gründet der Ursprung des künftigen
Stils, d.i. der Verhaltenheit in der Wahrheit des Seyns.« (GA 65, 405)

Der entscheidende Gedanke tritt auch dann hervor, wenn man
nicht alle Einzelheiten der zitierten Passage versteht: Flucht und
Ankunft sind keine Alternativen, die in der Zukunft bevorstehen,
sondern die Flucht ist selbst die Weise der Ankunft. Die Götter
»kommen an«, *indem* sie sich entziehen, und dies macht den
»Zeit-Raum der Entscheidung« eigentlich aus. Gerade indem die
Frage »Flucht oder Ankunft« offenbleibt, kann die Flucht eine
Ankunft sein. Die Flucht ist dann eine Ankunft, wenn sie als
Flucht ausdrücklich erfahren und ausgehalten wird. Dann greift,
wie Heidegger wenig später in den *Beiträgen* ausführt, das Gewesene ins Künftige über (GA 65, 411); das Aushalten der Gewesenheit schlägt in der Art und Weise in die Zukunft um, daß die

»Verweigerung« des Gewesenen für die Gegenwart nun auch die Zukunft offen sein läßt und in der Zukunft verbindlich bleibt. Der »Entscheidungsbereich im Ganzen« ist »selbst das Ende«: Es geht nicht darum, das zukünftige Erscheinen eines Gottes zu erwarten, sondern aus dem Verlust der Götter und in ihm die immerwährende Zukünftigkeit des Göttlichen zu erfahren. Darin, daß die Gewesenheit der Götter ausgehalten wird, ist die eigene Zukunft nichts anderes als ein Aushalten des Göttlichen; dieses Aushalten und der zukünftige Vorenthalt entsprechen einander.

Man sieht, wie Heidegger den Verlust der Götter soweit in seiner Zeitlichkeit herauszuarbeiten versucht, daß dabei die Zeit in doppelter Weise hervortritt: Die Zeit ist einmal »Zeit-Raum«, das heißt, sie macht, wie in *Sein und Zeit*, die Offenheit des Daseins aus, und zwar so, daß diese Offenheit nun eine – durch das Verhältnis zu den Göttern – bestimmte ist; es ist eine geschichtliche Offenheit, die Offenheit in der Gewesenheit der Götter, im gegenwärtigen Aushalten ihrer Flucht und derart im zukünftigen Vorenthalt des Göttlichen. Die Zeit ist andererseits als dieser Zeit-Raum das Ineinanderspiel von Präsenz und Absenz – die gewesenen Götter sind als abwesende präsent, ihre Präsenz ist nicht anders als in der Abwesenheit. Heidegger nimmt hier also wieder seinen zentralen Gedanken der »Praesenz« auf, den er bereits in der Grundprobleme-Vorlesung bei der Erörterung der Temporalität formuliert hatte und der auch im Hintergrund seiner Konzeption des Seinsentwurfs aus der Erfahrung der Zeit überhaupt stand. Doch erst jetzt kann er diesen Gedanken wirklich fruchtbar machen. Die »Praesenz«, die Anwesenheit und Abwesenheit umfaßt, wird nicht mehr als Horizont der Gegenwart verstanden, sondern als Grundzug von Zeit überhaupt. Und die Zeit überhaupt läßt sich nun bestimmter fassen, als es in der Platon-Vorlesung der Fall gewesen ist. Sie ist nicht mehr nur das Ermöglichende einer Zeitentscheidung, sondern es wird auch deutlich, wie dieses Ermöglichende in der Zeiterfahrung selbst spielt; nun kann Heidegger sagen, daß die Zeit als das Ineinanderspiel von Präsenz und Absenz »geschieht«. Dieses Ineinanderspiel ist »das Ereignis«; es ist die »Wahrheit des Seyns«, sofern die Offenheit des »Seyns« selbst Un-verborgenheit ist, also Offenheit, in der die Verbergung spielt. Das sich »ereignende« Sein schreibt Heidegger nun öfter als »Seyn«, um es vom »Sein« der traditionellen Ontologie, aber auch der Fundamentalontologie von *Sein und Zeit* abzuheben.

Dem entspricht die Umakzentuierung in der Konzeption des Seinsentwurfs, wie Heidegger sie bei seiner Beschäftigung mit Hölderlin vorgenommen hat. Seinsentwurf ist die Dichtung nicht mehr im Sinne eines historischen Aufbruchs, sondern nur noch im Sinne eines Einbruchs der Zeit, in der das Gegenwärtige ohnehin schon steht. Die Gegenwart ist keine »neue Zeit«, in der ein Bruch mit dem Alten vollzogen wird, sondern durch die Dichtung kann die Gegenwart anders gesehen werden; sie gehört in den Zusammenhang unverfügbarer Gewesenheit und Zukunft. Durch die »Zeitentscheidung« Hölderlins hat sich nicht wirklich etwas verändert. Der in ihr geschehene Aufbruch ist vollkommen unspektakulär und vor allem nicht »zeitgemäß«. Er stiftet keine neue Zeit, sondern die Zeit neu. Der Seinsentwurf ist keine Aufgabe mehr – er ist bereits erfolgt. Es kommt nur noch darauf an, sich in ihm zu verstehen.

Dadurch wandelt sich für Heidegger auch die Aufgabe der Philosophie. Philosophisch kommt es nicht mehr darauf an, einen wirklichen Aufbruch aus dem Anfang zu fordern. Das ist mit der Einsicht in den problematischen Charakter der Selbstbehauptung unmöglich geworden. Die Philosophie, wie Heidegger sie in der Hölderlin-Vorlesung versteht, soll nur noch ein »unscheinbares Hinzeigen« sein, »das alsbald wieder verschwunden sein wird, sobald Jenes sicher in Blick und Herz gefaßt wird, wohin der Hinweis weisen will. Was wir dazu tun, ist allenfalls so wie Baugerüste am Münster, die nur dazu da sind, wieder abgebrochen zu werden.« (GA 39, 23)

Trotz aller Zurückgenommenheit ist diese Charakterisierung der Philosophie immer noch anspruchsvoll genug. Die Bezogenheit der Hölderlinschen Dichtung auf die Gegenwart liegt nicht offen zutage, und so »unscheinbar« ist das philosophische Hinweisen nicht, wenn mit ihm die Gegenwart unter das Maß der Dichtung gestellt werden soll; die Philosophie allein bezieht die Zeitentscheidung der Hölderlinschen Dichtung auf die Gegenwart. Darin lassen sich auch die Konturen eines politischen Programms erkennen. Die Philosophie verweist in die Dichtung als in eine Partitur des In-der-Welt-seins, deren politische Aufführung noch aussteht. Indem die Philosophie sich von der Dichtung sagen läßt, was die Zeit ist, sagt sie ihrer eigenen Gegenwart die Zeit, und zwar so, daß diese Zeit in der Erfahrung des dichterischen Möglichkeitsraumes als die eigene eingerichtet werden kann.

Wenn damit auch in gewisser Weise die Position der Rektoratsrede noch anklingt – von einer zweiten und allein wahrhaft entscheidenden Revolution ist jetzt nicht mehr die Rede. Heidegger sieht im Gegenwärtigen keine Möglichkeit mehr, eine zweite Revolution zeitgemäß zur Geltung zu bringen. Die gegenwartskritischen Anmerkungen in der Hölderlin-Vorlesung sind unüberhörbar und bisweilen von unmißverständlicher Schärfe. Hölderlin, so sagt Heidegger, ist »der Dichter der Deutschen«, aber dies nicht im Sinne eines Genitivus subiectivus, sondern im Sinne eines Genitivus obiectivus: »Der Dichter, der die Deutschen erst dichtet« (GA 39, 220). Und wenig später fügt er hinzu: »Aber noch sind wir ohne Dichtung.« (GA 39, 221) Hölderlin ist der Dichter der Deutschen: Er ist der Dichter, der in der Sprache, durch die die Deutschen allein sind, was sie sind, die Zeit neu entworfen hat und so auch die Möglichkeit einer neuen Welt eröffnet, einer Welt, in der eine »ursprüngliche Gemeinschaft« erst möglich ist. Denn Dichtung ist »die Erweckung und der Zusammenriß des eigensten Wesens des Einzelnen, wodurch er in den Grund seines Daseins zurückreicht. Kommt jeder Einzelne von dorther, dann ist die wahrhafte Sammlung der Einzelnen in eine ursprüngliche Gemeinschaft schon im voraus gesehen. Die grobe Verschaltung der Allzuvielen in einer sogenannten Organisation ist nur eine behelfsmäßige Vorkehrung, aber nicht das Wesen.« (GA 39, 8)

Gewiß ist das noch ein Appell an die Gegenwart, sich auf die Dichtung Hölderlins zu besinnen, um zu einer ursprünglichen Gemeinschaft zu finden, zu einer Gemeinschaft also, die aus der Zeit entspringt, wie die Dichtung sie bestimmt. Doch die Gemeinschaft, von der hier die Rede ist, kann sich nicht einfach in bestehenden politischen Verhältnissen etablieren: In der »groben Verschaltung in einer sogenannten Organisation« hat sie keinen Ort. Was Heidegger damit zu verstehen gibt, ist die Notwendigkeit einer anderen Politik, die sich offenbar nur gegenwartskritisch ins Spiel bringen läßt. Dann aber ist eine direkte politische Wirkung der Philosophie ausgeschlossen. Die Philosophie kann nur noch auf die Dichtung als den Boden anderer Politik verweisen. In der Hölderlin-Vorlesung heißt es dazu:

»Die Grundstimmung, und das heißt die Wahrheit des Daseins eines Volkes, wird ursprünglich gestiftet durch den Dichter. Das so enthüllte Seyn des Seienden aber wird als Seyn begriffen und gefügt und damit erst eröffnet durch den Denker, und das so begriffene Seyn wird in den letzten und ersten Ernst des Seienden, d.h. in die *be-stimmte* geschichtliche Wahrheit gestellt dadurch, daß das Volk zu sich selbst als Volk gebracht wird. Das geschieht durch die Schaffung des seinem Wesen zu-bestimmten Staates durch den Staatsschöpfer.« (GA 39, 144)

Heidegger fügt zwar hinzu, Dichtung, Denken und Staatsschaffen wirkten »vorwärts und rückwärts« und seien »überhaupt nicht berechenbar«, so daß sie »auf lange Zeit unerkannt und ohne

Brücke nebeneinander und doch füreinander wirken« könnten, »je nach der verschiedenen Machtentfaltung des Dichtens, Denkens und staatlichen Handelns und in je verschieden großem Umkreis der Öffentlichkeit« (GA 39, 144). Doch das kann nicht heißen, die politische Organisation könne im Sinne der Dichtung und des Denkens wirken. »Rückwärts« wirkt vielmehr das gegenwärtige Denken, wenn es sich auf Hölderlins Dichtung bezieht, und »vorwärts« wirkt die Dichtung ebenso wie das Denken im Hinblick auf ein noch ausstehendes staatliches Handeln.

Die Gründung einer Gemeinschaft aus der Dichtung kann, gleichgültig wie ihre politische Einrichtung konzipiert wird, zumindest auf den ersten Blick nur phantastisch anmuten. Sie verliert allerdings etwas von ihrem phantastischen Charakter, wenn man bedenkt, daß die Dichtung hier als Bestimmung des Zeit-Raums der Geschichte verstanden wird und politische Gemeinschaften zumindest gut daran tun, ein geklärtes Verhältnis zur Geschichte zu haben, oder wie man mit Heidegger sagen müßte, sich in ihrer je bestimmten Geschichtlichkeit zu verstehen. Ob sie sich dadurch zu authentischen Gemeinschaften bilden können, ja, ob es authentische Gemeinschaften im Sinne Heideggers überhaupt geben kann, ist eine andere Frage. Doch man kann wohl zugestehen, daß ein Verstehen bestimmter Geschichtlichkeit nicht vorstellbar ist, ohne daß Gewesenheit und Zukunft in bestimmter Weise artikuliert werden, und das wiederum heißt nicht in erster Linie, daß erzählt wird, was gewesen ist, und man Vorstellungen davon entwickelt, was sein kann. Erzählungen und Vorstellungen dieser Art setzen vielmehr ein bestimmtes Schema der Zeit voraus, in dem sie stehen können. Man erzählt das, was gewesen ist, anders, wenn man die Zukunft als Bedrohung erfährt, als dann, wenn man sie im Sinne eines zu erwartenden Fortschritts interpretiert.

Was Heidegger bei seiner Hölderlin-Interpretation im Sinn hat, ist letztlich nichts anderes als ein solches Schema der Geschichte. Es soll für die Gegenwart nicht darum »maßgebend« sein, weil die Gegenwart sonst gar kein Verständnis ihrer selbst hätte. Daß sie dies sehr wohl hat, klingt in der zitierten Rede von der »Verschaltung« und der »Organisation« bereits an. Die Gegenwart hat nicht nur ein Verständnis ihrer selbst, sondern dies ist in seiner Struktur sogar zeitlich; nur ist es derart, daß sie sich gegen das freigebende Ineinander von Präsenz und Absenz, gegen die Zeit selbst also, versperrt und doch ohne den Blick auf die Zeit selbst nicht zu denken ist. Obwohl die Gegenwart noch nicht in den Seinsentwurf der Dichtung gefunden hat, hat sie selbst den Charakter eines Seinsentwurfs.

Wenn das zutreffend ist, muß die Konzeption des Seinsentwurfs inzwischen differenzierter geworden sein. Dann kann Heidegger nicht mehr jeden Seinsentwurf als Befreiung verstehen, sondern muß zwischen »eigentlichen« und »uneigentlichen« Seinsentwürfen unterscheiden. So verhält es sich in der Tat. Die Naturwissenschaft, wie Heidegger sie in der Platon-Vorlesung erörtert hatte, bildet nun den Anknüpfungspunkt zur Bestimmung der Gegenwart. Das Selbstverständnis der Gegenwart hat den Charakter eines Seinsentwurfs, der im voraus ein Bild des Seienden gibt, auf das hin das Seiende dann in die »Machenschaft« genommen wird. Doch gehört die Naturwissenschaft nun in einen übergreifenden Zusammenhang – das Selbstverständnis der Gegenwart ist der Seinsentwurf der totalen Mobilmachung.

Totale Mobilmachung und Nihilismus: Die Gefahr und das Rettende

Die totale Mobilmachung ist der Titel eines Aufsatzes von Ernst Jünger aus dem Jahr 1930. In seinem Kern ist dieser Aufsatz die scharfsinnige Diagnose eines Wandels in der Kriegsführung, der mit dem Ersten Weltkrieg zum ersten Mal in Erscheinung getreten ist. Während Kriege zuvor, dem klassischen und oft zitierten Satz von Clausewitz zufolge, als die Fortsetzung der Politik mit anderen Mitteln gelten konnten und derart dem Planungs- und Entscheidungsbereich der Politik unterstanden, läßt sich nun beobachten, daß die Staaten sich als ganze unter dem Gesichtspunkt der Angriffs- und Verteidigungsfähigkeit organisieren; dies wiederum deutet Jünger als Symptom einer tiefgreifenden Veränderung aller menschlichen Lebensverhältnisse:

»Die Erscheinungen, die das bedingen, sind mannigfach. So schwindet mit der Verwischung der Stände und der Beschneidung der Privilegien des Adels zugleich der Begriff der Kriegerkaste dahin; die bewaffnete Vertretung des Landes ist nicht mehr die Pflicht und das Vorrecht des Berufssoldaten allein, sondern sie wird zur Aufgabe der Waffenfähigen überhaupt. So macht es die ungeheure Vermehrung der Kosten unmöglich, die Führung des Krieges aus einem festen Kriegsschatz zu bestreiten; es ist vielmehr die Anspannung aller Kredite, die Erfassung auch des letzten Sparpfennigs notwendig, um die Maschinerie im Gang zu erhalten. So fließt auch das Bild des Krieges als einer bewaffneten Handlung immer mehr in das weitgespannte Bild eines gigantischen Arbeitsprozesses ein. Neben den Heeren, die sich auf den Schlachtfeldern begegnen, entstehen die neuartigen Heere des Verkehrs, der Ernährung, der Rüstungsindustrie – das Heer der Arbeit überhaupt. In der letzten, schon gegen Ende dieses Krieges angedeuteten Phase geschieht keine Bewegung mehr – und sei es die einer Heimarbeiterin an ihrer Nähmaschine –, der nicht eine zum mindesten mittelbare kriegerische Leistung innewohnt. In dieser absoluten Erfassung der potentiellen Energie, die die kriegführenden Industriestaaten in vulkanische Schmiedewerkstätten verwandelt, deutet sich der Anbruch des Arbeitszeitalters vielleicht am sinnfälligsten an – sie macht den Weltkrieg zu einer historischen Erscheinung, die an Bedeutung der Französischen Revolution überlegen ist.«[25]

Man wird nicht bestreiten können, daß diese Diagnose zumindest für eine Phase des 20. Jahrhunderts zutreffend ist; darum konnte sie Heidegger beeindrucken, und er hat sie auf seine Weise für sich fruchtbar gemacht.

Heidegger hat der Diagnose Jüngers im zweiten Teil der *Beiträge* eindringliche Überlegungen gewidmet. Dabei konnte er nicht nur auf den genannten Aufsatz zurückgreifen, sondern auch auf das 1932 erschienene Buch *Der Arbeiter,* in dem Jünger seine Beobachtungen verfeinert und zu der These zusammenfaßt, daß man es bei den Vorgängen der neueren Zeit mit der Herausprägung eines neuen Menschentypus, eben des Arbeiters, zu tun habe. Die politischen Gesichtspunkte, unter denen diese Herausprägung sich organisiert, sind dabei für Jünger sekundär. Es macht letztlich keinen Unterschied für die Gesamtentwicklung, ob die Arbeitsstaaten nationalistischen, bolschewistischen oder liberalistischen Musters sind; das sind Übergangserscheinungen im Rahmen einer Veränderung des Planeten Erde im ganzen, und dabei ist es nicht auszuschließen, daß die ungeheure Freisetzung von Arbeit und Energie am Ende zu einer neuen Ordnung führt, von der man sich, orientiert am Bekannten, keine Vorstellung machen kann.

Diesen Zusammenhang von Jüngers Diagnose sollte man kennen, wenn man Heideggers Replik in den *Beiträgen* verstehen will. Unter dem Titel *Die »totale Mobilmachung« als Folge der ursprünglichen Seinsverlassenheit* heißt es hier:

»Das reine In-Bewegung-setzen und die Aushöhlung aller bisherigen Gehalte der noch bestehenden Bildung. Der Vorrang des *Verfahrens* und der *Einrichtung* im Ganzen der Bereitstellung und In-Dienststellung der Massen – wozu? Was bedeutet dieser Vorrang der Mobilisierung? Daß dabei ein neuer Schlag des Menschen notwendig erzwungen wird, ist nur die *Gegen*folge dieses Geschehens, aber niemals das ›Ziel‹. Aber gibt es noch ›Ziele‹? Wie entspringt Ziel-setzung? Aus Anfang. Und was ist Anfang?« (GA 65, 143)

Nun hat Jünger zwar nicht gesagt, die Herausbildung eines »neuen Schlags des Menschen« sei das Ziel der Entwicklung; das

Ziel der Entwicklung ist für ihn die »Entdeckung einer neuen und unbekannten Welt – eine Entdeckung, vernichtender und folgenreicher als die Entdeckung Amerikas«[26]. Daß Heidegger nach einem Ziel des »reinen In-Bewegung-setzens« fragt und betont, die »Erzwingung« eines neuen Menschenschlags könne dieses Ziel nicht sein, bekundet vielmehr sein eigenes Interesse. Dieses Interesse wiederum hat zwei Aspekte, nämlich einmal die Frage, ob es noch Ziele gibt, und zum anderen die Frage nach dem Ursprung der Zielsetzung. Während die erste Frage dem Versuch einer Gegenwartsdiagnose untersteht, geht es in der zweiten um die letzte und radikalste Version des Heideggerschen Destruktionsprogramms.

Die Frage, ob es noch Ziele gibt, beantwortet sich für Heidegger eindeutig negativ, und warum sie sich so beantworten muß, kann man leicht sehen: Wenn wirklich von einem »Vorrang der Mobilisierung« gesprochen werden kann, dann hat jedes vorgegebene Ziel nur den Sinn, die Mobilisierung voranzutreiben, und wird sinnlos, sobald es diesen Zweck nicht mehr erfüllt. Ebenso ist ausgeschlossen, die Mobilisierung als in sich zielerfüllt zu denken; dann wäre sie eine Bewegtheit, die in jedem Moment in ihre eigene Vollendung zurückschwingt. Angesichts dessen gibt es »gegenwärtig« keine Ziele mehr, selbst wenn das dem Anschein widerspricht.

Genauer betrachtet ist nämlich der Umstand, daß man auch »gegenwärtig« Ziele hat, kein Einwand dagegen, daß es Ziele eigentlich nicht gibt. Daß »alle Ziele weg sind« (GA 65, 138), ist laut Heidegger gemeint, wenn Nietzsche den Begriff des Nihilismus zur Diagnose seiner Gegenwart einführt. Nietzsches Diagnose aber hat man »offen oder stillschweigend als teuflisch sich vom Leibe gehalten. Denn, so lautet die einleuchtende Überlegung: wo kämen wir hin, wenn das wahr wäre und wahr würde?« (GA 65, 139) Doch gerade diese Frage ist es, aus der sich Heidegger die gegenwärtige Orientierung an »Zielen« erklärt: Man »ahnt nicht, daß *eben diese Überlegung* bzw. die sie tragende Haltung und Verhaltung zum Seienden der eigentliche Nihilismus ist: man will sich die Ziel-losigkeit nicht eingestehen. Und deshalb ›hat‹ man plötzlich wieder ›Ziele‹ und sei es nur, daß, was allenfalls ein *Mittel* für die Zielaufrichtung und Verfolgung sein kann, selbst zum Ziel hinaufgesteigert wird: das *Volk* z.B.« (GA 65, 139) Der »völkische« Charakter des Nationalsozialismus ist also nichts anderes als ein nihilistisches Symptom – damit hat Heidegger endgültig eine Position bezogen, die ihn in radikalen Gegensatz zu der ihm gegenwärtigen Politik bringt.[27]

Entscheidend ist nun die Frage, wie Heidegger die in der Hölderlin-Vorlesung erst angedeutete und in den *Beiträgen* ausgearbeitete Zeitdiagnose in den Zusammenhang seiner philosophischen Konzeption stellt. Vorbereitet wird das in der zitierten Replik auf Ernst Jünger mit der Frage nach dem Ursprung der Zielsetzung und dem Hinweis, dieser Ursprung sei der Anfang.

Anfang ist, wie wir wissen, die Zeit selbst, die Zeit, die durch das Ineinanderspiel von Präsenz und Absenz charakterisiert ist, das wiederum in der Verweigerung der Gewesenheit und dem Vorenthalt der Zukunft erfahren wird. Die Zeit in diesem Sinne läßt sich nun leicht als Ursprung der Zielsetzung einsehen – wäre die Zukunft kein Vorenthalt, so müßten keine Ziele entworfen werden. Hier klingt ein Gedanke an, der aus *Sein und Zeit* bekannt ist: der Gedanke von der Zukunft als der Zeitekstase des unbestimmten bevorstehenden Seins. Aber dieser Gedanke hat jetzt einen völlig anderen Stellenwert. Während die Analyse des individuellen Daseins nämlich herausgestellt hatte, daß es unumgänglich ist, bestimmte Handlungs- oder Verhaltensziele als Antworten auf das unbestimmte bevorstehende Sein zu fassen, und es nur darauf ankommt, diese im Licht ihres Möglichseins zu sehen, schließt die neue Konzeption Heideggers es aus, das Verhältnis von Ziel und Vorenthalt nach dem Modell von Antwort und Frage verständlich zu machen. Daß man »plötzlich wieder Ziele hat«, entspringt ja der eigenen »Ziel-losigkeit«, sie entspringt dem, »daß alle Ziele weg sind«. Es gibt keine Ziele mehr, und deshalb ist auch mit der Einsicht, daß das »Entwerfen« von Zielen seinen Ursprung in der Zeit hat, wenig getan. Vielmehr ist mit der »Ziel-losigkeit« selbst Ernst zu machen und das »Wissen vom Nihilismus« (GA 65, 141) auszuhalten. Dies ist »das Unumgänglichste und Schwerste« in »der Überwindung des Nihilismus« (GA 65, 141).

Die Ziele, die im Nihilismus »weg sind«, sind »die in sich wachsenden und den Menschen (wohin?) verwandelnden Ziele« (GA 65, 138). Was das genauer heißen soll, hat Heidegger in der ersten seiner insgesamt sechs Nietzsche gewidmeten Vorlesungen, der Vorlesung aus dem Wintersemester 1936/37, formuliert: »Es gibt kein Ziel mehr, in dem und durch das alle Kräfte des geschichtlichen Daseins der Völker zusammengeschlossen und für das sie zur Entfaltung gebracht werden könnten; kein Ziel solcher Art, d.h. zugleich und vor allem, von einer solchen Macht, daß es kraft dieser das Dasein einheitlich in seinen Bereich zwänge und zur schaffenden Entfaltung brächte.« (GA 43, 194) Das wiederum heißt: Es gibt keinen Gott mehr; Gott »als der übersinnliche Grund und das Ziel alles Wirklichen« (GA 5, 217) ist tot.

Alle Formen des Nihilismus, die expandierende Wissenschaft und die Technik, vor allem aber die sie umgreifende »totale Mobilmachung« der großen Industriestaaten, müssen also Heidegger zufolge als unwahrhaftige und darin katastrophale Antworten auf die Erfahrung vom Tod Gottes begriffen werden. Damit widerruft Heidegger nicht seine Destruktion der christlichen Tradition, wie er sie in der Skizze seines Aristoteles-Projekts unternommen hatte. Die Rede vom Tod Gottes gehört vielmehr selbst in den Rahmen einer Destruktion, die von der Gegenwart selbst wider Willen vollzogen wird. Mit dem Nihilismus ist offenbar geworden, daß alle Versuche, dem Leben durch seine Ausrichtung auf Gott ein Ziel zu geben, nichts anderes als Verstellungen der Gotteserfahrung gewesen sind.

Wenn Heidegger den Gott, dessen Tod der »tolle Mensch« im Aphorismus 125 der *Fröhlichen Wissenschaft* verkündet, den »übersinnlichen Grund und das Ziel alles Wirklichen« nennt, so spricht er das an. »Grund« und »Ziel«, das ist die Übersetzung zweier zusammengehörender Grundworte der griechischen Philosophie, »arché« und »télos«. Diese Grundworte gehören bei Aristoteles nicht nur deshalb zusammen, weil sie gleichsam die Eckpfeiler einer Bewegung bezeichnen, indem das eine Wort, arché, dasjenige nennt, worin eine Bewegung ihren Anfang hat, während das andere, télos, sagt, worin sie sich vollendet; vielmehr muß im Anfang einer Bewegung ihr Ziel schon liegen, damit die Bewegung überhaupt zielgerichtet sein kann, und in einer Bewegung von der Art der Energeia, einer Bewegung also, die in jedem Moment in ihre Vollendetheit einschwingt, sind arché und télos dasselbe. Die genannten Grundworte gehören bei Platon – zumindest nach Heideggers Interpretation (GA 9, 203 ff.) – insofern zusammen, als mit der Idee des Guten einerseits der »Grund von allem« genannt und andererseits das Ziel der Herausbildung menschlichen Wesens bezeichnet ist. Damit aber ist, wie Heidegger in den *Beiträgen* ausführt, der Grund von allem als etwas genommen, worauf und wonach man sich »richten« kann. Der Grund von allem ist so ansatzweise bereits »zum ›Wert‹, zum ›Sinn‹, zum ›Ideal‹« (GA 65, 210) gewandelt, das durch andere »Ideale« zu ersetzen ist.

Sofern die christliche Tradition auf der griechischen Philosophie aufbaut, ist Gott in ihr als dasjenige verstanden, worauf und wonach man sich richten kann. (GA 65, 211) Die christliche Tradition unterscheidet sich also von den nihilistischen Versuchen der Zielsetzung letztlich nicht; vielmehr sind diese, auch da, wo sie vom Tode Gottes leben, im Grunde nur umgekehrte, verkehrte und unselbständige Fortentwicklungen dieser Tradition. Für beides gebraucht Heidegger den Titel »Metaphysik«. »Metaphysik« in dieser nun negativen Akzentuierung ist die verstellende Umdeutung der Präsenz, die in sich zugleich Absenz ist, zur reinen Präsenz.

Das Wissen vom Tod Gottes wird dann aber zum Anlaß, die gesamte Tradition des Abendlandes in Frage zu stellen, oder genauer: Es wird zum Anlaß, mit der Infragestellung dieser Tradition durch den Nihilismus selbst Ernst zu machen, und zwar anders, als es in der Rektoratsrede gefordert war. Heideggers Bestimmung der Gegenwart als Nihilismus kommt mit seiner Hölderlin-Auslegung zum Einklang – der Nihilismus ist die »dürftige Zeit«. Aber mehr noch, Heidegger hat ab der Mitte der dreißiger Jahre seine philosophische Kraft eingesetzt, das Programm einer Destruktion der Überlieferung zu erneuern, und wie zu Beginn der zwanziger Jahre ist es die »hermeneutische Situation« der Gegenwart, in der er zur Destruktion der Überlieferung ansetzt. Doch nun steht für ihn nicht nur die Möglichkeit einer sachorientierten Philosophie, sondern das Geschick des Abendlandes selbst auf dem Spiel.

Das Geschick des Abendlandes steht derart auf dem Spiel, daß es erst in der Krise des Nihilismus wirklich angenommen werden kann. Wo das Wissen vom Tod Gottes zur Einsicht in das Ende der »Metaphysik« wird, läßt sich das Göttliche erst wieder bewahren; denn für den »metaphysischen« Versuch, das Göttliche »festzustellen«, gibt es nun keine Möglichkeit mehr. Erst im Ende der »Metaphysik« kommt das Wesen der Götter wieder zum Vorschein. Bereits in seiner Hölderlin-Vorlesung sagt Heidegger, das Wesen der Götter sei gerade die »Vergänglichkeit«: Das »Vorbeigehen ist die Art der Anwesenheit der Götter, die Flüchtigkeit eines kaum faßbaren Winkes, der im Nu des Vorüberganges alle Seligkeit und alle Schrecken zeigen kann« (GA 39, 111).

Wenn sich das Wesen der Götter im ausgehaltenen Nihilismus »wieder« zeigen kann, so muß es sich schon einmal gezeigt haben. Was Heidegger mit der »Flüchtigkeit eines kaum faßbaren Winkes« anspricht, nimmt er wenig später in seiner Vorlesung noch einmal auf, indem er auf ein Fragment Heraklits verweist, das »die Art des Sagens« nennt, »wie sie den Göttern eignet«. Heidegger übersetzt und erläutert das Fragment (Nr. 93) folgendermaßen: »›Der Herr, dessen Spruchort zu Delphi ist [Gott Apollo], sagt weder, noch verbirgt er, sondern *winkt.*‹ Das ursprüngliche Sagen macht weder nur unmittelbar offenbar, noch verhüllt es einfach nur schlechthin, sondern dieses Sagen ist beides in einem und als dieses Eine ein Winken, wo das Gesagte auf Ungesagtes, das Ungesagte auf Gesagtes und zu Sagendes weist; das Widerstreitende auf den Einklang, der es ist, der Einklang auf den Widerstreit, darin er allein schwingt.« (GA 39, 127 f.) Nicht von ungefähr erinnert diese Charakterisierung des göttlichen »Winkes« an das, was Heidegger über die dichterische Sprache gesagt hatte. Sofern gerade in ihr Gesagtes und Ungesagtes ineinanderspielen, kann sie Artikulation einer Erfahrung sein, die sich bei aller Bestimmtheit nach menschlichen Maßstäben nicht verrechnen läßt.

Die dichterische Sprache in diesem Sinne ist für Heidegger also nicht nur die Sprache Hölderlins, sondern auch die Sprache des Heraklit und des Parmenides. Bei Hölderlin ist »jenes Verständnis des Seyns wieder nahe und wieder mächtig, das im Anfang der abendländischen Philosophie an die Macht kam« (GA 39, 123), und darum sind die gewesenen Götter, die Hölderlin in ihrer Gewesenheit dichtet, für Heidegger die Götter im Anfang der Philosophie, die Artemis und der Apollon des Heraklit, die Göttin »Wahrheit« des Parmenides. (GA 54, 163) Die Namen dieser

Götter stehen für die nach menschlichen Maßstäben nicht zu verrechnende Erfahrung des Denkens.

Doch in den *Beiträgen* stellt Heidegger auch die sogenannten Vorsokratiker in den Zusammenhang seines Destruktionsprogramms. Heidegger kann nun nämlich sagen, »nirgends« begegne uns »ein Denken, das die Wahrheit des Seins selbst und damit die Wahrheit selbst als das Sein denkt«: »Sogar dort ist dieses nicht gedacht, wo das vorplatonische Denken als der Anfang des abendländischen Denkens die Entfaltung der Metaphysik durch Platon und Aristoteles vorbereitet. Das èstin (eòn) gàr eînai nennt zwar das Sein selbst. Aber es denkt das Anwesen gerade nicht als das Anwesen aus seiner Wahrheit. Die Geschichte des Seins beginnt und zwar notwendig *mit der Vergessenheit des Seins*« (GA 5, 263), denn das Denken im Anfang ist »Ver-nehmung und Sammlung« (GA 65, 198), das heißt, es ist dadurch charakterisiert, die Erfahrung des Denkens in den lógos zu bringen. Damit aber ist bereits ein Vorrang der Präsenz vor dem Ineinander von Präsenz und Absenz angelegt: légein ist dem von Heidegger in der Hölderlin-Vorlesung herangezogenen Fragment des Heraklit zufolge das Gegenwort zu kryptein, verbergen. (GA 9, 279) Zwar ist das Denken im Anfang noch »dichterisch« (GA 40, 153), aber es ist eben auch der Anfang – der Philosophie. Die Philosophie ist der Verfall ihres Anfangs, sie beginnt als »Geschichte des Seins« notwendig mit der »Vergessenheit« des Seins.

Ein Ende dieser Vergessenheit ist nicht abzusehen, denn der »andere Anfang«, der »Vorbeigang« des letzten Gottes (GA 65, 412 ff.), ist ja nur der bevorstehende Vorenthalt desjenigen, was als Gewesenes verweigert ist. Andernfalls könnte man ihm nur in einer »Gegenbewegung« zu dem entsprechen, was aus dem ersten Anfang entsprungen ist, und wie bei jeder Gegenbewegung bliebe man dabei abhängig von dem, wogegen sie sich richtet. »Gegen-bewegungen«, so sagt Heidegger in den *Beiträgen,* »verfangen sich in ihrem eigenen Sieg, und das sagt, sie verklammern sich in das Besiegte« (GA 65, 186). Das ist Heideggers Version der »Dialektik der Aufklärung«.

Um ihr zu entgehen, setzt Heidegger seinen Gedanken des anderen Anfangs nicht dem ersten entgegen. Der andere Anfang steht vielmehr »*als anderes* außerhalb des Gegen und der unmittelbaren Vergleichbarkeit« (GA 65, 187). Der erste und der andere Anfang stehen derart zueinander, daß sie das Widerstreitende im Einklang, der Einklang des Widerstreitenden sind. Die Metaphysik und ihr Ende im Nihilismus ist die »Auseinandersetzung« der beiden Anfänge dadurch, daß in der Entfernung vom ersten Anfang der erste Anfang freigesetzt und dem anderen Anfang »zugespielt« wird: »Der andere Anfang verhilft aus neuer Ursprünglichkeit dem ersten Anfang zur Wahrheit seiner Geschichte und damit zu seiner unveräußerlichen eigensten Andersartigkeit, die allein fruchtbar wird in der geschichtlichen Zwiesprache der Denker.« (GA 65, 187)

Doch es ist die »Ursprünglichkeit« der Zukunft, die dem gewesenen ersten Anfang zu seiner »Wahrheit« verhilft. Wo ein zukünftiger »Aufbruch« unmöglich ist, bleibt es auch ausgeschlossen, sich in einer bestimmten Wirklichkeit als einer eigentlichen zu verstehen. Wieder greift Heidegger hier auf seine Konzeption aus *Sein und Zeit* zurück: Die Unbestimmtheit der Zukunft verhindert die – uneigentliche – Festlegung auf bestimmte Lebensprojekte. Mit diesem früheren Gedanken einer unbestimmten Zukunft ist aber der geschichtliche Begriff des Anfangs kombiniert. Der »andere Anfang« ist ein Anfang, zu dem man nie gelangt.

Der erste Anfang ist gewesen, und der andere Anfang ist zukünftig. Die Geschichte »zwischen« diesen beiden Anfängen ist ein einziger Untergang und Übergang. Sie ist eine einzige Zwischenzeit. Mit der Einsicht in den problematischen Charakter der

Gegenbewegung hat Heidegger faktisch auf den Gedanken der Einrichtung einer neuen Welt verzichtet, denn die Geschichte, die die eine Zwischenzeit ist, ist auch die einzige Zwischenzeit. Es ist der gewaltige Zeitraum der abendländischen Geschichte, und bei diesem Zeitraum wird und muß es bleiben. Der andere Anfang darf nicht kommen, wenn denn der Zeit-Raum der Geschichte offengehalten werden soll. Mit dem »Vorbeigang« des »letzten Gottes« steht nichts als sein Vorenthalt bevor. Dann aber bleibt keine andere Möglichkeit als die, sich in der als Zwischenzeit verstandenen Gegenwart so zu halten, daß man ihren zwischenzeitlichen Charakter auf sich nimmt und nicht durch die bodenlose nihilistische Dynamik zu überspielen versucht. Nur derart kann der »letzte Gott« überhaupt »vorbeigehen«.

Dieser Gedanke leitet die späten Arbeiten Heideggers. Diese Arbeiten sind »ethisch« in dem Sinne, daß mit ihnen auf eine Haltung hingewiesen werden soll, die sich im Aushalten des offenen Zeit-Raums der Geschichte ausprägt und in solcher Ausprägung dem Zeit-Raum der Geschichte entspricht. Heidegger selbst hat diesen ethischen Aspekt seines späteren Denkens wohl am deutlichsten in einer Schrift entwickelt, die auf den ersten Blick gerade die Abweisung einer philosophischen Ethik ist, im *Brief über den Humanismus* aus dem Jahr 1946. Diese Schrift ist bedeutsam, weil Heidegger hier eine Rekapitulation seiner eigenen Philosophie vorlegt und recht ausführliche Bemerkungen zur Selbstinterpretation von *Sein und Zeit* mit Hinweisen auf die Hölderlin-Deutungen und indirekt auch auf die *Beiträge zur Philosophie* verbindet. Es ist kein Wunder, daß der sogenannte Humanismus-Brief deshalb nach seiner Veröffentlichung im Jahr 1947 befremdlich wirken mußte. Denn er bietet eben nur knappe Hinweise auf ein philosophisches Konzept, das sich ausführlich in den *Beiträgen* entwickelt findet, so daß man den Text eigentlich erst seit 1989, dem Erscheinungsjahr der *Beiträge,* verstehen kann.

Die Ethik des Humanismus-Briefes ist von besonderer Art. Heidegger weist die Rede von der »Ethik« zunächst zurück, weil allein schon der Terminus seine Zugehörigkeit zur Geschichte der »Metaphysik« zu erkennen gibt. Die Rede von der »Ethik«, die zusammengehört mit der von der »Logik« und der »Physik«, dokumentiert bereits eine Aufteilung der Philosophie in einzelne Disziplinen und damit ihre Verwissenschaftlichung: »Im Zuge durch die so verstandene [das heißt: sich in Disziplinen aufteilende] Philosophie entsteht die Wissenschaft, vergeht das Denken.« (GA 9, 354) Damit wird die Sache, auf die die Rede vom »Ethischen« verweist, nicht geleugnet. Aber diese Sache zeigt sich für Heidegger in einem Fragment des Heraklit sehr viel deutlicher als in den einschlägigen Schriften von Aristoteles oder Kant:

»Ein Spruch des Heraklit, der nur aus drei Wörtern besteht, sagt so Einfaches, daß aus ihm das Wesen des Ethos unmittelbar ans Licht kommt. Der Spruch des Heraklit lautet (Frgm. 119): êthos anthrôpô daímon. Man pflegt allgemein zu übersetzen: ›Seine Eigenart ist dem Menschen sein Dämon.‹ Diese Übersetzung denkt modern, aber nicht griechisch. êthos bedeutet Aufenthalt, Ort des Wohnens. Das Wort nennt den offenen Bezirk, worin der Mensch wohnt. Das Offene seines Aufenthaltes läßt das erscheinen, was auf das Wesen des Menschen zukommt und also ankommend in seiner Nähe sich aufhält. Der Aufenthalt des Menschen enthält und bewahrt die Ankunft dessen, dem der Mensch in seinem Wesen gehört. Das ist nach dem Wort des Heraklit daímon, der Gott. Der Spruch sagt: der Mensch wohnt, insofern er Mensch ist, in der Nähe Gottes.« (GA 9, 354 f.)

Und wenig später heißt es: »Soll nun gemäß der Grundbedeutung des Wortes êthos der Name Ethik dies besagen, daß sie den Aufenthalt des Menschen bedenkt, dann ist dasjenige Denken, das die Wahrheit des Seins als das anfängliche Element des Menschen als eines eksistierenden denkt, in sich schon die ursprüngliche Ethik.« (GA 9, 356) Es fällt nicht schwer, die Bedeutung, in der Heidegger das Wort »êthos« liest, zu entschlüsseln: Es bezieht sich auf die Offenheit des geschichtlichen Zeit-Raums, wie er kraft der dichterischen Eröffnung durch Hölderlin erfahren werden kann. Und wenn das Denken, Heideggers eigenes Denken, »in sich schon die ursprüngliche Ethik« ist, dann hat dieses Denken seine Eigentümlichkeit darin, daß es nicht mehr auf eine der dichterischen Eröffnung entsprechende Einrichtung der Welt verweist, sondern in die Offenheit dieser Welt nur einweist. In gewisser Weise kehrt Heidegger damit zu seiner »aristotelischen« Konzeption der Philosophie zurück. Er versteht die Philosophie selbst aus der Phronesis, oder besser: aus einer Art der selbst als Handeln zu begreifenden Besinnung, die an die Stelle der Phronesis tritt. Anders als früher stellt sich ihm nun allerdings nicht mehr das Problem, der Phronesis die Philosophie als theoría oder sophía gegenüberzustellen. Der Gedanke, den Heidegger jetzt vertritt, besagt nicht mehr, daß die Philosophie aus dem »praktischen Wissen« entspringt und sich dann ihm gegenüber verselbständigt, so daß sich die Frage nach der Eigenart des Verselbständigten stellt, die Frage also, die das Projekt von »Sein und Zeit« in die dargestellten Schwierigkeiten gebracht hatte. Vielmehr erfolgt jetzt eine *Zurücknahme* der Philosophie in das »praktische Wissen«, ein praktisches Wissen allerdings von ganz eigener Art.

Weil Heidegger die Philosophie ganz in ein praktisches Wissen zurücknimmt, spricht er nun auch vom »Denken« statt von der Philosophie. »Denken« ist die Philosophie, sofern sie aufhört, »Metaphysik« zu sein; es ist eine Haltung in der Offenheit des durch die beiden Anfänge eröffneten Zeit-Raums, für die ihre Vorläufigkeit charakteristisch ist. »Denken« ist eine Philosophie, die sich in ihrer Gegenwart nur mehr als Untergang und Übergang versteht. Mit seinen Hinweisen auf Heraklit löst Heidegger also keineswegs die Ethik ins »Denken« auf, sondern umgekehrt – dieses »Denken« läßt sich nur noch als ein ethisches verständlich machen.

In den Zusammenhang der ethischen Wendung des »Denkens« gehört auch eine späte Modifikation der Heideggerschen Gegenwartsdiagnose. Sie läßt sich unter das Motto eines Verses von Hölderlin aus der Hymne *Patmos* stellen: »Wo aber Gefahr ist, wächst/ Das Rettende auch.« Heidegger zitiert diesen Vers an prägnanter Stelle in seinem Vortrag *Die Frage nach der Technik* aus dem Jahr 1953, und dieser Vortrag wiederum ist in seiner Bedeutung allein schon dadurch hervorgehoben, daß er in der Sammlung *Vorträge und Aufsätze* (1954) der erste ist.

Mit seiner Erörterung der Technik knüpft Heidegger einerseits an die gegenwartsdiagnostischen Überlegungen der dreißiger Jahre und insbesondere der *Beiträge* an. Das Wesen der Technik, das »Ge-stell«, ist nichts anderes als die herausfordernde, sich in keinem Ziel vollendende Dynamik der Weltbeherrschung und Naturausbeutung. Und doch macht es einen Unterschied, wenn Heidegger die Verfaßtheit der Gegenwart nicht unter dem Titel des Nihilismus, sondern eben in der Frage nach der Technik erörtert. Denn daß nun das Wesen der Technik als das Wesen der Gegenwart konzipiert wird, gibt ihm die Möglichkeit, gerade auch die mobil gemachte Welt in den Zusammenhang des geschichtlichen Zeit-Raumes zu stellen.

Was das genauer heißen soll, läßt sich an Heideggers Verständnis des »Rettenden« und der »Gefahr« verdeutlichen. »Retten« bedeutet hier nicht: »das vom Untergang Bedrohte gerade noch erhaschen, um es in seinem bisherigen Fortbestehen zu sichern« (VA, 32). Dann, so könnte man diesen Gedanken interpretieren, wäre es nicht wirklich gerettet, sondern weiterhin der Möglichkeit seines Untergangs ausgeliefert, weil sein Bestand die Möglichkeit des Untergangs ja gerade nicht ausgeschlossen hatte; sonst hätte es gar nicht erst »gerettet« werden müssen. Sondern »Retten« ist »einholen ins Wesen, um so das Wesen erst zu seinem eigentlichen Scheinen zu bringen« (VA, 32). Die Rettung, von der Heidegger hier spricht, besteht nicht nur darin, das »vom Untergang Bedrohte« – und das ist die gegenwärtige Welt – zu bewahren, indem sie in ihr »Wesen« eingeholt wird, sondern ist letztlich auch eine Rettung des »Wesens«: Das Wesen soll erst zu seinem eigentlichen Scheinen gebracht werden.

Was soll das heißen? Es heißt, kurz gesagt, daß die gegenwärtige Welt so, wie sie ist, in den geschichtlichen Zeit-Raum eingeholt wird und der geschichtliche Zeit-Raum dadurch gegenwärtig zum Erscheinen kommt. Gesagt ist damit auch, daß die Kunst aus ihrer vormaligen Rolle, den geschichtlichen Zeit-Raum in seiner Bestimmtheit allein zu bilden, entlassen wird. Heidegger bezweifelt nun die Möglichkeit der Kunst, »Blick und Zutrauen« in den Zeit-Raum der Geschichte »neu [zu] wecken und [zu] stiften«. »Ob der Kunst diese höchste Möglichkeit ihres Wesens inmitten der äußersten Gefahr gewährt ist, vermag niemand zu wissen. Doch wir können erstaunen. Wovor? Vor der anderen Möglichkeit, daß überall das Rasende der Technik sich einrichtet, bis eines Tages durch alles Technische hindurch das Wesen der Technik west im Ereignis der Wahrheit.« (VA, 39) Die Kunst wird dadurch nicht überflüssig: »Weil das Wesen der Technik nichts Technisches ist, darum muß die wesentliche Besinnung auf die Technik und die entscheidende Auseinandersetzung mit ihr in einem Bereich geschehen, der einerseits mit dem Wesen der Technik verwandt und andererseits von ihm doch grundverschieden ist.« Und: »Ein solcher Bereich ist die Kunst.« (VA, 39) Heidegger faßt also jetzt die Möglichkeit ins Auge, daß das »Rasende« der Technik von sich aus, aus sich heraus zum Stillstand kommt, und damit nimmt er einen Gedanken auf, den Ernst Jünger am Schluß seines Buches *Der Arbeiter* ausführlich entwickelt hatte. Daß die Technik von sich aus, aus sich heraus zum Stillstand kommt, heißt nichts anderes, als daß sie »künstlerisch« wird. Das wiederum ist möglich, weil sie gleichen Ursprungs ist wie die Kunst, denn Kunst und Technik sind Weisen der poíesis, sie sind, wie

Heidegger sagt, Weisen des »her- und vorbringenden Entbergens« (VA, 38). Die Technik ist eine bestimmte und von der Kunst unterschiedene Weise, Seiendes zur Präsenz zu bringen, und allein wenn man die Formulierung »zur Präsenz bringen« genau genug hört, wird deutlich, daß sie die Erfahrung der Absenz in sich trägt. Was erst zur Präsenz »gebracht« werden muß, kann vordem nicht präsent sein, ein Gedanke, der bereits früh bei Heidegger mit dem Begriff des »Entdeckens« vorgeprägt ist.

So wie Heidegger die Technik charakterisiert, handelt es sich bei ihr um ein Zur-Präsenz-Bringen, das als *Gegenbewegung* zur Absenz vollzogen wird. Die technische Einrichtung dessen, was wir die Welt nennen, zielt auf totale Präsenz, und das erlaubt es Heidegger, die Technik als das »Ende der Metaphysik« zu verstehen; »Metaphysik« ist für ihn ja Präsenzphilosophie. Wenn die Technik zur Ruhe kommt, hört sie auf, eine Gegenbewegung in diesem Sinne zu sein. Sie wird zu einem Zur-Präsenz-Bringen, das die Absenz, der sie verpflichtet ist, ausdrücklich zuläßt und sein läßt. Damit wird sie »künstlerisch«: In ihr prägt sich dann die »Verhaltenheit« aus, von der bereits in den *Beiträgen* (GA 65, 406) die Rede war. Die technische Welt wird zwischenzeitlich, und damit ist sie in den Zeitraum eingebunden, wie er als der bestimmte des »Abendlandes« durch die Verweigerung und den Vorenthalt des Göttlichen eröffnet war. Beide Momente, das Spiel von Präsenz und Absenz und das von Verweigerung und Vorenthalt, spielen ineinander.

Ihr Ineinanderspiel führt zu dem für die Spätphilosophie Heideggers eigentümlichen Begriff der Welt. Wenn er in seinem Vortrag *Das Ding* die Welt »das ereignende Spiegel-Spiel der Einfalt von Erde und Himmel, Göttlichen und Sterblichen« (VA, 172) nennt, so sind darin die beiden Momente des »Ereignisses« aufgenommen: »Erde und Himmel« stehen für ursprüngliche Erfahrung der Zeit als Präsenz/Absenz, und die »Göttlichen und Sterblichen« sind Chiffren für den geschichtlichen Zeit-Raum.

6. Abschluß

In seinem späteren Werk kehrt Heidegger zum Anfang seines eigenen Denkens zurück, und zwar in dreifacher Hinsicht: Aus dem Programm einer Philosophie, das von der Vergangenheit des Glaubens wußte und trotzdem »gottinnig« sein wollte, ist über den Weg einer philosophischen »Handaufhebung« gegen Gott ein Denken geworden, das von Gott und den Göttern sprechen kann und sich selbst außerhalb von Theologie und Atheismus verortet. (GA 65, 439) Aus dem Programm einer geschichtlichen Philosophie, die sich ihrer eigenen Gegenwart nicht ohne den Blick auf das Gewesene versichern wollte, ist über den Weg zum philosophischen Anfang, mit den Zwischenstationen der Fundamentalontologie und der Politik, ein Denken geworden, das sich aufgrund der Unverfügbarkeit jedes Anfangs selbst als Einübung in den Untergang und Übergang versteht. Damit hat sich schließlich auch das philosophiegeschichtliche Programm über die Zwischenstationen des Konzeptes von *Sein und Zeit* und der Auseinandersetzung von Philosophie und Politik zu einem Denken gewandelt, das die Philosophie als Übergangsgeschichte des Abendlandes und das Abendland als die Übergangsgeschichte der Philosophie versteht.

Nicht zuletzt Heideggers Erörterungen zur Dynamik der »totalen Mobilmachung« und zur Technik müßten eigentlich dazu angetan sein, ihm große Wirkung zu sichern. Sie lassen deutlich werden, daß von einer Philosophie des gegenwärtigen Zeitalters mehr erwartet werden muß als die Besetzung von Ethik- oder

Technikfolgenabschätzungskommissionen, die letztlich auf die Technik nur reagieren und derart im technischen Denken befangen bleiben. Dagegen hat Heidegger eine Zeitdiagnose entwickelt, die diesen Namen wirklich verdient. Er hat deutlich gemacht, daß im Stil der gegenwärtigen Welt eine Erfahrung mit der Zeit zum Ausdruck kommt, und derart eine Möglichkeit geboten, diesen Stil im Zusammenhang der Zeit zu verstehen.

Heideggers Diagnose der technischen Welt kann nicht schon deshalb überzeugend sein, weil sie diese Welt richtig beschreibt. Ihre Überzeugungskraft steht und fällt letztlich mit der Überzeugungskraft seiner Zeitphilosophie. Und was diese betrifft, sollte man Heidegger nicht blind folgen. Indem er die Gegenwart in die gesamte abendländische Geschichte einordnet und diese Geschichte wiederum als eine gigantische Zwischenzeit bestimmt, gibt es eigentlich nichts als Gegenwart; Gewesenheit und Zukunft würden im Unbestimmten verschwinden, wenn sie nicht als die beiden Anfänge bestimmt wären. Die beiden Anfänge wiederum sind, sofern man überhaupt von ihnen sprechen und sie bestimmen kann – gegenwärtig. Sie gehören zur Gegenwart als dasjenige, was sich in der Gegenwart entzieht, und derart gelangt man wieder zum Gedanken einer Präsenz, die in sich auch Absenz ist. Schon in der Grundprobleme-Vorlesung hatte sich gezeigt, daß dieser Gedanke zu Heideggers Orientierung an der dreifach gegliederten Zeitlichkeit, die auch die Zeit der Geschichte ist, eigentümlich quersteht. Das erweist sich in seiner späteren Konzeption aufs neue, denn es fragt sich, warum man das Präsenz-Absenz-Spiel der Zeit eigentlich im Blick auf die beiden Anfänge bestimmen soll. Gewiß, die beiden Anfänge, zwischen denen der Zeit-Raum der Geschichte ausgespannt ist, bilden für die Geschichte ein Korrektiv; in der Orientierung an ihnen soll sich die »Verhaltenheit«, oder wie Heidegger später sagt, die »Gelassenheit« (GA 13, 37-74) ausbilden, die ein nicht durch die Technik dominiertes Verhältnis zur technischen Welt verspricht. Das mag überzeugen. Doch man muß sich auch klar darüber sein, welchen Preis es hat, wenn man Heidegger hier folgen will: Man muß die gesamte Geschichte als Verfall, als Untergang denken und sie als Übergang ohne Ziel verstehen wollen.

Erscheint einem dieser Preis zu hoch, so muß man allerdings nicht den Gedanken einer Präsenz aufgeben, die in sich durch Absenz charakterisiert ist; er läßt sich auch außerhalb des Schemas einer dreifach gegliederten Zeit festhalten. Nicht alles, was sich der Erfahrung entzieht, ist darum auch gewesen oder zukünftig; jeder Versuch des Verstehens stößt auf solches, was dem Verstehen widersteht und in eben dieser Absenz – »praesent« ist. Wenn Heideggers zentrale Einsicht in das Spiel von Präsenz und Absenz, Bestimmtheit und Unbestimmtheit aber nicht wesentlich dem Schema der Zeitlichkeit und der Geschichte verbunden ist, führt Heidegger selbst noch über die problematischen Festlegungen seines Philosophierens hinaus. Erst mit Heidegger versteht man, was man anders als er denken will. Mehr läßt sich über die Bedeutung eines Philosophen nicht sagen.

Nachwort zur vierten Auflage

Einführungen erfüllen ihren Zweck nur, indem sie verkürzen; um eine Philosophie zugänglich zu machen, ist es notwendig, zentrale Motive, Grundgedanken und große Entwicklungslinien hervorzuheben. Das meiste von dem, was als Nuance, Variante und Verfeinerung erscheint, läßt man hingegen auf sich beruhen. Im Falle Heideggers war dies mit einer zusätzlichen Schwierigkeit verbunden: Die Gesamtausgabe seiner Schriften, Vorlesungen und Aufzeichnungen ist noch längst nicht abgeschlossen. Als diese Einführung zum ersten Mal erschien, stand mehr als die Hälfte der über hundert Bände noch aus, und es wäre mißlich gewesen, wenn das Buch binnen weniger Jahre durch Heidegger selbst überholt worden wäre. Also galt es, die Grundgedanken und Entwicklungslinien seines Philosophierens so darzustellen, daß die Darstellung auch gegenüber noch unbekannten, höchstens vage absehbaren Differenzierungen Bestand haben würde.

Daß diese Einführung nunmehr in vierter Auflage erscheint, darf angesichts dieser Schwierigkeit als ein positives Zeichen verstanden werden. Offenbar ist die Gliederung und Darstellung der Heideggerschen Philosophie unter vier Gesichtspunkten nach wie vor sinnvoll: Wie neuere Untersuchungen bestätigen (vgl. vor allem das im Jahr 2001 erschienene Buch von Hans-Helmuth Gander), unterscheidet sich der Ansatz der Freiburger Privatdozentenzeit beträchtlich von der »Fundamentalontologie« des Fragment gebliebenen Hauptwerks und muß deshalb für sich erörtert werden. Ähnliches gilt für die Neuorientierung am Ende der zwanziger und zu Beginn der dreißiger Jahre, einschließlich der philosophisch-politischen Gratwanderung, für die der Absturz vorgezeichnet war. Sie ist überstanden, sobald Heidegger sich auf Dichtung und Sprache, auf die Kunst und ihr Gegenbild in der Technik einläßt. In dieser Konstellation wird er fortan sein Denken entfalten.

Daß aufgrund der inzwischen reicheren Quellen manches deutlicher zu sehen ist als in der Entstehungszeit dieses Buches, versteht sich von selbst. Dazu einige Hinweise: Was in der im ersten Teil des Buches herangezogenen Programmskizze *Phänomenologische Interpretationen zu Aristoteles*, dem sogenannten »Natorp-Bericht«, entworfen wird, ist in den Vorlesungen *Grundbegriffe der aristotelischen Philosophie* (GA 18) und *Platon: Sophistes* (GA 19) gründlich ausgearbeitet. Für die kritische Auseinandersetzung mit der Philosophie seines Lehrers Husserl ist die – in diesem Buch noch nicht berücksichtigte – Vorlesung *Einführung in die phänomenologische Forschung* (GA 17) einschlägig. Heideggers Position um 1933 wird durch die erst neuerdings publizierten Vorlesungen *Sein und Wahrheit* (GA 36/37) noch deutlicher. Die *Beiträge zur Philosophie* (GA 65) sind inzwischen durch die nicht weniger bedeutende Abhandlung *Besinnung* (GA 66) ergänzt. Für Heideggers Denken der Nachkriegszeit, besonders für die Bestimmung der Technik, sind die *Bremer Vorträge* (GA 79) besonders aufschlußreich. Und schließlich sei auf den Band *Reden und andere Zeugnisse* (GA 16) verwiesen, in dem Heideggers politische Äußerungen, aber auch andere wichtige Dokumente wie das *Spiegel-Gespräch* von 1966 zuverlässig ediert sind.

In der Einleitung dieses Buches ist noch von der Umstrittenheit Heideggers die Rede. Inzwischen jedoch steht seine Bedeutung außer Frage; anderswo wurde sie übrigens sehr viel früher und klarer als hierzulande erkannt. Heidegger ist nun endgültig ein Klassiker, einer der Großen der Philosophie, also ein Denker, der in eine Reihe mit Kant, Hegel, Schelling und Nietzsche gehört.

Diese Einordnung hat nichts mit einer Historisierung zu tun. Klassiker gehören nie nur der Vergangenheit an, sondern sind durch Zeitlosigkeit ausgezeichnet – auch insofern, als sie nicht mehr in den Meinungsstreit einer Gegenwart gehören. So klärt sich im zeitlichen Abstand auch der Stellenwert des Heideggerschen Denkens im 20. Jahrhundert, und das wiederum gibt Aufschluß über die Perspektiven, die aus der Beschäftigung mit ihm für die Zukunft zu gewinnen sind: Heidegger ist, auf seine unverwechselbare Weise, ein Philosoph in der Krise der Philosophie, ein Denker, der die traditionellen Möglichkeiten der Philosophie in Schwierigkeiten kommen sieht und dennoch grundsätzlich an der Philosophie festhalten will. Dem – im Zusammenhang der analytischen Philosophie – oft favorisierten Versuch, die Philosophie der Autorität der Wissenschaft zu unterstellen oder gar in Wissenschaft aufzulösen, stellt Heidegger eine radikale Besinnung entgegen, von der er sich eine Verwandlung der Philosophie erhofft: Diese soll zu einem Denken werden, in dem das Wesentliche der Philosophie bewahrt bleibt und das zugleich auf die problematischen Begründungsansprüche der Tradition, auf das Prinzipiendenken verzichtet.

Die Tragweite dieses Ansatzes ist noch längst nicht hinreichend erkannt. Systematische Auseinandersetzungen mit Heidegger schließen nach wie vor meist an *Sein und Zeit* an und sind dann, wie bei Richard Dreyfus oder Robert Brandom, nicht selten durch die Tradition des Pragmatismus geprägt; oder sie lassen sich, wie es bei Michel Foucault und bei Jacques Derrida der Fall ist, durch Heideggers kritische Erkundung der Geschichte anregen und bieten neue und andere Spielarten einer »Destruktion« der überlieferten Texte. Was es hingegen für Heidegger bedeutet, daß die Philosophie »Unterwegs zur Sprache« ist und sich aus der Sprache verstehen soll, ohne sich in die Sprache zurückzunehmen, verdient, genauer durchdacht zu werden. Zwar nimmt die Hermeneutik

Hans-Georg Gadamers Motive des Heideggerschen Sprachdenkens auf. Doch Gadamer entwickelt sie auf eigene Weise; er findet Lösungen, die Heideggers Ausgangsfrage nach dem sprachlichen Wesen der Philosophie hinter sich lassen. Zugleich ist Gadamers freier Umgang mit Heidegger eine große Ermutigung. Er zeigt beispielhaft, wie Heideggers Denken Wege öffnet, die man selbst gehen kann.

Freiburg im Breisgau, Oktober 2002   Günter Figal

Anhang

Anmerkungen

1 Vgl. E. Husserl, Philosophie als strenge Wissenschaft, in: Logos, Bd. I (1910/11), Neuausgabe, hrsg. von W. Szilasi, Frankfurt/M. 1965.

2 G.W.F. Hegel, Vorlesungen über die Geschichte der Philosophie I, in: ders., Werkausgabe in zwanzig Bänden, Bd. 18, Redaktion E. Moldenhauer und K.M. Michel, Frankfurt/M. 1971, S. 21.

3 Ebenda, S. 21.

4 Ebenda, S. 74.

5 Ders., Vorlesungen über die Geschichte der Philosophie III, in: ders., Werkausgabe in zwanzig Bänden, Bd. 20, Frankfurt/M. 1971, S. 460.

6 Ebenda, S. 457.

7 Ebenda, S. 461.

8 »Hermeneúein« ist im Original griechisch geschrieben. Im folgenden werden alle griechischen Ausdrücke in lateinische Schrift transkribiert.

9 E. Husserl, Logische Untersuchungen II. Untersuchungen zur Phänomenologie und Theorie der Erkenntnis, Teil 1, Tübingen 1913, S. 2.

10 Ebenda, S. 2.

11 Die zweite Seitenzahl bezieht sich auf die im Niemeyer Verlag erschienene Separatausgabe von *Sein und Zeit*, Tübingen 1986.

12 Vgl. M. Kommerell, Briefe und Aufzeichnungen 1919-1944, hrsg. von I. Jens, Olten/Freiburg i.Br. 1967, S. 405.

13 Die Seitenangaben der Aristotelischen Schriften sind die als Standardpaginierung eingeführten der Ausgabe: Aristotelis opera, ex rec. I. Bekkeri, Berlin 1831-1870 (Ausgabe der Preußischen Akademie der Wissenschaften).

14 *Sein und Zeit* ist ein sehr klar gegliedertes Buch. Ich werde deshalb auf einen Nachweis der erörterten Passagen verzichten. Eine ausführliche Interpretation von *Sein und Zeit* habe ich in *Martin Heidegger. Phänomenologie der Freiheit*, Frankfurt/M. 1988 vorgelegt.

15 Die deutsche Übersetzung lautet: »Sogleich nämlich vom Mutterleib an beginnen wir zu sterben.«

16 Vgl. I. Kant, Kritik der reinen Vernunft, Zweites Buch, erstes Hauptstück (B 176-187/A 137-148).

17 W. Dilthey, Über das Studium der Geschichte der Wissenschaften vom Menschen, der Gesellschaft und dem Staat (1875), in: ders., Gesammelte Schriften, Bd. V, Göttingen 1982, S. 37 (36-41).

18 Zu den Einzelheiten vgl.: H. Ott, Martin Heidegger. Unterwegs zu seiner Biographie, Frankfurt/M./New York 1988.

19 Ebenda, S. 191.

20 Ebenda, S. 196 f.

21 Vgl. M. Heidegger, Hölderlins Hymnen »Germanien« und »Der Rhein«, hrsg. von S. Ziegler, Frankfurt/M. 1980, S. 125 f.; ders., Einführung in die Metaphysik, hrsg. von P. Jaeger, Frankfurt/M. 1983, S. 66 und S. 122 f.

22 H. Ott, Martin Heidegger, Unterwegs zu seiner Biographie, a.a.O., S. 236.

23 Ebenda, S. 239 f.

24 Vgl. M. Heidegger, Das Ding (1950), in: ders., Vorträge und Aufsätze, Pfullingen 1954, S. 170 f.

25 E. Jünger, Die totale Mobilmachung, in: ders., Sämtliche Werke, Zweite Abteilung, Essays I, Bd. 7, Stuttgart 1980, S. 125 f.

26 Ders., Der Arbeiter, in: ders., Sämtliche Werke, Zweite Abteilung, Essays II, Bd. 8, Stuttgart 1981, S. 311.

27 Ausführlicher ist diese Problematik erörtert in: S. Vietta, Heideggers Kritik am Nationalsozialismus und an der Technik, Tübingen 1989.

Literaturhinweise

1. Werke Martin Heideggers

a) Die *Gesamtausgabe* von Heideggers Werken erscheint seit 1975 im Verlag Vittorio Klostermann, Frankfurt/M. Sie soll in der ersten Abteilung sämtliche von Heidegger selbst veröffentlichten Schriften enthalten, in der zweiten Abteilung die Vorlesungen, in der dritten bisher unveröffentlichte Abhandlungen; für die vierte Abteilung sind Aufzeichnungen und Hinweise vorgesehen. Die Separatausgaben der veröffentlichten Schriften sind weiterhin erhältlich.

Bände der Gesamtausgabe, aus denen zitiert oder auf die verwiesen wird:

GA 1   Frühe Schriften, hrsg. von F.-W. von Herrmann, Frankfurt/M. 1978.

GA 2   Sein und Zeit, hrsg. von F.-W. von Herrmann, Frankfurt/M. 1976.

GA 3   Kant und das Problem der Metaphysik, hrsg. von F.-W. von Herrmann, Frankfurt/M. 1991.

GA 4   Erläuterungen zu Hölderlins Dichtung, hrsg. von F.-W. von Herrmann, Frankfurt/M. 1981.

GA 5   Holzwege, hrsg. von F.-W. von Herrmann, Frankfurt/M. 1977.

GA 9   Wegmarken, hrsg. von F.-W. von Herrmann, Frankfurt/M. 1976.

GA 13   Aus der Erfahrung des Denkens, hrsg. von H. Heidegger, Frankfurt/M. 1983.

GA 17   Einführung in die phänomenologische Forschung, hrsg. von F.-W. von Herrmann, Frankfurt/M. 1994.

GA 19   Platon: Sophistes, hrsg. von I. Schüßler, Frankfurt/M. 1992.

GA 20	Prolegomena zur Geschichte des Zeitbegriffs, hrsg. von P. Jaeger, Frankfurt/M. 1976.
GA 24	Die Grundprobleme der Phänomenologie, hrsg. von F.-W. von Herrmann, Frankfurt/M. 1975.
GA 26	Metaphysische Anfangsgründe der Logik im Ausgang von Leibniz, hrsg. von K. Held, Frankfurt/M. 1978.
GA 29/30	Die Grundbegriffe der Metaphysik. Welt – Endlichkeit – Einsamkeit, hrsg. von F.-W. von Herrmann, Frankfurt/M. 1983.
GA 33	Aristoteles, Metaphysik θ 1-3. Von Wesen und Wirklichkeit der Kraft, hrsg. von H. Hüni, Frankfurt/M. 1981.
GA 34	Vom Wesen der Wahrheit. Zu Platons Höhlengleichnis und Theätet, hrsg. von H. Mörchen, Frankfurt/M. 1988.
GA 39	Hölderlins Hymnen »Germanien« und »Der Rhein«, hrsg. von S. Ziegler, Frankfurt/M. 1980.
GA 40	Einführung in die Metaphysik, hrsg. von P. Jaeger, Frankfurt/M. 1983.
GA43	Nietzsche: Der Wille zur Macht als Kunst, hrsg. von B. Heimbüchel, Frankfurt/M. 1985.
GA 54	Parmenides, hrsg. von M.S. Frings, Frankfurt/M. 1982.
GA 56/57	Zur Bestimmung der Philosophie, hrsg. von B. Heimbüchel, Frankfurt/M. 1987.
GA 61	Phänomenologische Interpretationen zu Aristoteles. Einführung in die phänomenologische Forschung, hrsg. von W. Bröcker/K. Bröcker-Oltmanns, Frankfurt/M. 1985.
GA 63	Ontologie (Hermeneutik der Faktizität), hrsg. von K. Bröcker-Oltmanns, Frankfurt/M. 1988.
GA 65	Beiträge zur Philosophie (Vom Ereignis), hrsg. von F.-W. von Herrmann, Frankfurt/M. 1989.

b) Wichtige, (noch) nicht im Rahmen der Gesamtausgabe erschienene Veröffentlichungen (die mit Siglen versehenen Titel werden zitiert, oder es wird ausdrücklich auf sie verwiesen)

VA	Vorträge und Aufsätze, Pfullingen 1954.
SD	Zur Sache des Denkens, Tübingen 1976.
SddU	Die Selbstbehauptung der deutschen Universität. Rede, gehalten bei der feierlichen Übernahme des Rektorats der Uni-

versität Freiburg i.Br. am 27.5.1933. Das Rektorat 1933/34. Tatsachen und Gedanken, Frankfurt/M. 1983.

PA   Phänomenologische Interpretationen zu Aristoteles (Anzeige der hermeneutischen Situation), hrsg. von H.-U. Lessing, in: Dilthey-Jahrbuch für Philosophie und Geisteswissenschaften, hrsg. von F. Rodi, Bd. 6, Göttingen 1989, S. 237-269.

Der Satz vom Grund, Pfullingen 1957.

Identität und Differenz, Pfullingen 1957.

Nietzsche. Zwei Bände, Pfullingen 1961.

Was heißt Denken?, Tübingen 1971.

Zollikoner Seminare. Protokolle – Gespräche – Briefe, hrsg. von M. Boss, Frankfurt/M. 1987.

c) Briefe

HBBr   Martin Heidegger – Elisabeth Blochmann, Briefwechsel 1918-1969, hrsg. von J.W. Storck, Marbach am Neckar 1989.

HJBr   Martin Heidegger – Karl Jaspers, Briefwechsel 1920-1963, hrsg. von W. Biemel/H. Saner, Frankfurt/M./München/Zürich 1990.

2. Literatur über Martin Heidegger

Nach der Veröffentlichung der meisten Vorlesungen Heideggers im Rahmen der Gesamtausgabe sind viele Interpretationen aufgrund ihrer unzureichenden Textgrundlage veraltet. Im folgenden sind deshalb vor allem neuere Titel aufgeführt; die älteren aufgeführten Titel sind entweder wegen ihrer spezifischen Fragestellungen von den späteren Veröffentlichungen Heideggerscher Texte nicht berührt, oder sie dokumentieren wichtige Stadien der Wirkungsgeschichte Heideggers.

a) Bibliographien und Hilfsmittel

R.A. Bast/H. Delfosse, Handbuch zum Textstudium von Martin Heideggers »Sein und Zeit«, Bd. 1, Stuttgart-Bad Canstatt 1979.

H. Feick, Index zu Heideggers »Sein und Zeit«, Tübingen 1968; 4. Aufl. 1991.

H.M. Sass, Heidegger-Bibliographie, Meisenheim am Glan 1968.

Ders., Martin Heidegger. Bibliography and Glossary, Bowling Green (Ohio) 1982.

Ders. (Hg.), Materialien zur Heidegger-Bibliographie 1917-1972, Meisenheim am Glan 1975.

b) Biographisches

E. Ettinger, Hannah Arendt – Martin Heidegger. Eine Geschichte, München 1994.

G. Neske (Hg.), Erinnerung an Martin Heidegger, Pfullingen 1977.

Ders./E. Kettering (Hg.), Antwort. Martin Heidegger im Gespräch, Pfullingen 1988.

H. Ott, Martin Heidegger. Unterwegs zu seiner Biographie, Frankfurt/M./New York 1988.

H.W. Petzet, Auf einen Stern zugehen. Begegnungen und Gespräche mit Martin Heidegger 1929-1976, Frankfurt/M. 1983.

R. Safranski, Ein Meister aus Deutschland. Heidegger und seine Zeit, München 1994.

c) Einführungen

W. Biemel, Martin Heidegger in Selbstzeugnissen und Dokumenten, Reinbek 1973.

R. Brandner, Heidegger, Sein und Wissen. Eine Einführung in sein Denken, Wien 1993.

W. Franzen, Martin Heidegger, Stuttgart 1976.

T. Rentsch, Martin Heidegger – Das Sein und der Tod. Eine kritische Einführung, München/Zürich 1989.

G. Steiner, Martin Heidegger. Eine Einführung, München 1989.

K.H. Volkmann-Schluck, Die Philosophie Martin Heideggers. Eine Einführung in sein Denken, Würzburg 1996.

d) Sammelbände

J. Altwegg (Hg.), Die Heidegger Kontroverse, Frankfurt/M. 1988.

W. Biemel/F.-W. von Herrmann (Hg.), Kunst und Technik, Gedächtnisschrift zum 100. Geburtstag von Martin Heidegger, Frankfurt/M. 1989.

H. Buchner (Hg.), Japan und Heidegger. Gedenkschrift der Stadt Meßkirch zum hundertsten Geburtstag Martin Heideggers, Sigmaringen 1989.

Forum für Philosophie Bad Homburg (Hg.), Heidegger: Innen- und Außenansichten, Frankfurt/M. 1989.

H.-H. Gander (Hg.), Europa und die Philosophie (Schriftenreihe der Martin-Heidegger-Gesellschaft, Bd. 2), Frankfurt/M. 1993.

Ders. (Hg.), »Verwechselt mich vor allem nicht!« Heidegger und Nietzsche (Schriftenreihe der Martin-Heidegger-Gesellschaft, Bd. 3), Frankfurt/M. 1994.

A. Gethmann-Siefert/O. Pöggeler (Hg.), Heidegger und die praktische Philosophie, Frankfurt/M. 1988.

C.B. Guignon (Hg.), The Cambridge companion to Heidegger, Cambridge 1993.

C. Jamme/K. Harries (Hg.), Martin Heidegger. Kunst – Politik – Technik, München 1992.

P. Kemper (Hg.), Martin Heidegger – Faszination und Erschrecken. Die politische Dimension einer Philosophie, Frankfurt/M./New York 1990.

C. Macann (Hg.), Martin Heidegger. Critical assessments, 4 Bde., London 1992.

Martin Heidegger – Fragen an sein Werk. Ein Symposion, Stuttgart 1977.

B. Martin (Hg.), Martin Heidegger und das »Dritte Reich«. Ein Kompendium, Darmstadt 1989.

D. Papenfuss/O. Pöggeler (Hg.), Zur philosophischen Aktualität Martin Heideggers.
    Bd. 1: Im Gespräch der Zeit, Frankfurt/M. 1991.
    Bd. 2: Philosophie und Politik, Frankfurt/M. 1990.
    Bd. 3: Im Spiegel der Welt: Sprache, Übersetzung, Auseinandersetzung, Frankfurt/M. 1992.

O. Pöggeler (Hg.), Martin Heidegger. Perspektiven zur Deutung seines Werks, Köln 1969 (Neuauflage Frankfurt/M. 1984).

T.J. Sheehan (Hg.), Heidegger. The Man and the Thinker, Chicago 1981.

Wirkungen Heideggers. Neue Hefte für Philosophie, Heft 23, Göttingen 1984.

e) Monographien und Aufsätze

R.A. Bast, Der Wissenschaftsbegriff Martin Heideggers im Zusammenhang seiner Philosophie, Stuttgart-Bad Cannstatt 1986.

J. van Buren, The young Heidegger. Rumor of the hidden king, Bloomington 1994.

H. Ebeling, Über Freiheit zum Tode, Freiburg i.Br. 1967.

V. Farías, Heidegger und der Nationalsozialismus, Frankfurt/M. 1989.

G. Figal, Martin Heidegger – Phänomenologie der Freiheit, Frankfurt/M. 1988.

Ders., Für eine Philosophie von Freiheit und Streit, Stuttgart/Weimar 1994.

Ders., Der metaphysische Charakter der Moderne, in: H.-H. Müller/H. Segeberg (Hg.), Ernst Jünger im 20. Jahrhundert, München 1995.

Ders., Nochmals über die Linie, in: ders./H. Schwilk (Hg.), Magie der Heiterkeit. Ernst Jünger zum Hundertsten, Stuttgart 1995.

Ders., Verwindung der Metaphysik. Heidegger und das metaphysische Denken, in: C. Jamme (Hg.), Grundlinien der Vernunftkritik, Frankfurt/M. 1997, S. 450-470.

Ders., Seinserfahrung und Übersetzung. Hermeneutische Überlegungen zu Heidegger, in: Interpretation und Wahrheit (= studia philosophica 57), Bern/Stuttgart/Wien 1998, S. 177-188.

Ders., Wie philosophisch zu verstehen ist. Zur Konzeption des Hermeneutischen bei Heidegger, in: H. Vetter (Hg.), Siebzig Jahre Sein und Zeit. Wiener Tagungen zur Phänomenologie (= Reihe der Österreichischen Gesellschaft für Phänomenologie, Bd. 3), Frankfurt/M. u.a. 1999, S. 135-143.

Ders., Refraining from Dialectic. Heidegger's Interpretation of Plato in the Sophist Lectures (1924/25), in: C.E. Scott/J. Sallis (Hg.), Interrogating the Tradition. Hermeneutics and the History of Philosophy, Albany/N.Y. 2000, S. 95-109.

Ders., Heidegger und Nietzsche über Geschichte. Zu einer unausgetragenen Kontroverse, in: A. Großmann/C. Jamme, Metaphysik der praktischen Welt. Perspektiven im Anschluß an Hegel und Heidegger. Festgabe für O. Pöggeler, Amsterdam/Atlanta 2000, S. 121-129.

Ders., Gottesvergessenheit. Über das Zentrum von Heideggers »Beiträgen zur Philosophie«, in: Internationale Zeitschrift für Philosophie 2000 (2), S. 176-189.

Ders., DYNAMIS META LOGOU. Il linguaggio filosofico di Heidegger nel contesto Aristotelico, übers. von F. Bolino, in: Eidos 2/2001, S. 13-20.

Ders., El pensar como un tomar aliento, in: Sileno. Variaciones sobre arte y pensamento 11, 2001, S. 53-60.

H.-G. Gadamer, Heidegger im Rückblick. Teil I von: Hermeneutik im Rückblick (= Gesammelte Werke, Bd. 10), Tübingen 1995.

Ders., Heideggers Wege. Studien zum Spätwerk, Tübingen 1983 (erweiterte Fassung in: Gesammelte Werke, Bd. 3, Tübingen 1987).

H.-H. Gander, Selbstverständnis und Lebenswelt. Grundzüge einer phänomenologischen Hermeneutik im Ausgang von Husserl und Heidegger, Frankfurt/M. 2001.

A. García Düttmann, Das Gedächtnis des Denkens. Versuch über Heidegger und Adorno, Frankfurt/M. 1991.

C.F. Gethmann, Verstehen und Auslegung. Das Methodenproblem in der Philosophie Martin Heideggers, Bonn 1974.

A. Gethmann-Siefert, Das Verhältnis von Philosophie und Theologie bei Martin Heidegger, Freiburg i. Br./München 1974.

I. Görland, Transzendenz und Selbst. Eine Phase in Heideggers Denken, Frankfurt/M. 1981.

F.-W. von Herrmann, Der Begriff der Phänomenologie bei Husserl und Heidegger, Frankfurt/M. 1981.

Ders., Hermeneutische Phänomenologie des Daseins. Eine Erläuterung von »Sein und Zeit«, Bd. 1 (Einleitung. Die Exposition der Frage nach dem Sinn von Sein), Frankfurt/M. 1987.

A. Jäger, Gott. Nochmals Martin Heidegger, Tübingen 1978.

K. Jaspers, Notizen zu Martin Heidegger, hrsg. von H. Saner, München/ Zürich 1979.

E. Kettering, NÄHE. Das Denken Martin Heideggers, Pfullingen 1987.

T. Kisiel, The Genesis of Heidegger's *Being and Time,* Berkeley/Los Angeles/London 1993.

P. Lacoue-Labarthe, Die Fiktion des Politischen. Heidegger, die Kunst und die Politik, Stuttgart 1990.

C. Lafont, Sprache und Welterschließung. Zur linguistischen Wende der Hermeneutik Heideggers, Frankfurt/M. 1994.

K. Leidlmair, Künstliche Intelligenz und Heidegger. Über den Zwiespalt von Natur und Geist, München 1991.

K. Löwith, Heidegger – Denker in dürftiger Zeit, Frankfurt/M. 1953 (um zusätzliche Texte erweitert in: Sämtliche Schriften, Bd. 8, hrsg. von B. Lutz, Stuttgart 1984).

W. Marx, Heidegger und die Tradition, Stuttgart 1961.

B. Merker, Selbsttäuschung und Selbsterkenntnis. Zu Heideggers Transformation der Phänomenologie Husserls, Frankfurt/M. 1988.

M. Michalski, Fremdwahrnehmung und Mitsein. Zur Grundlegung der Sozialphilosophie im Denken Max Schelers und Martin Heideggers, Bonn 1997.

H. Mörchen, Adorno und Heidegger. Untersuchung einer philosophischen Kommunikationsverweigerung, Stuttgart 1981.

D. Neu, Die Notwendigkeit der Gründung im Zeitalter der Dekonstruktion. Zur Gründung in Heideggers »Beiträgen zur Philosophie« unter Hinzuziehung der Derridaschen Dekonstruktion, Berlin 1997.

E. Nolte, Heidegger. Politik und Geschichte im Leben und Denken, Berlin 1992.

O. Pöggeler, Der Denkweg Martin Heideggers, Pfullingen 1963 (3., erweiterte Ausgabe 1990).

Ders., Heidegger und die hermeneutische Phänomenologie, Freiburg i.Br. 1983.

Ders., Neue Wege mit Martin Heidegger, Freiburg i.Br./München 1992.

G. Prauss, Erkennen und Handeln in Heideggers »Sein und Zeit«, Freiburg i.Br./München 1977.

W. J. Richardson, Heidegger. Through Phenomenology to Thought, Den Haag 1963.

S. Rosen, The Question of Being. A Reversal of Heidegger, New Haven/London 1993.

R. Schürmann, Le Principe d'Anarchie. Heidegger et la Question de l'Agir, Paris 1982.

A. Schwan, Politische Philosophie im Denken Heideggers, Opladen 1989.

D. Thomä, Die Zeit des Selbst und die Zeit danach. Zur Kritik der Textgeschichte Martin Heideggers 1910-1976, Frankfurt/M. 1990.

E. Tugendhat, Der Wahrheitsbegriff bei Husserl und Heidegger, Berlin 1970.

Ders., Selbstbewußtsein und Selbstbestimmung, Frankfurt/M. 1979.

S. Vietta, Heideggers Kritik am Nationalsozialismus und an der Technik, Tübingen 1989.

F. Volpi, Heidegger e Aristotele, Padua 1984.

M.E. Zimmermann, Heidegger's Confrontation with Modernity, Bloomington 1990.

Zeittafel

1889	Am 26. September wird Heidegger in Meßkirch geboren.
1909	Ende der Schulzeit; Beginn des Studiums der Theologie in Freiburg i.Br.
1911	Studium der Philosophie, Geistes- und Naturwissenschaften.
1913	Promotion.
1915	Habilitation.
1917	Heirat mit Elfride Petri.
1918	Assistent von Edmund Husserl in Freiburg i.Br.
1919	Geburt des Sohnes Jörg.
1920	Geburt des Sohnes Hermann.
1923	Berufung nach Marburg.
1927	Publikation von *Sein und Zeit*.
1928	Berufung nach Freiburg i.Br.
1933	Wahl zum Rektor der Freiburger Universität.
1934	Rücktritt vom Amt des Rektors.
1946	Lehrverbot durch die Besatzungsmacht (bis 1949).
1951	Ordentliche Emeritierung; Wiederaufnahme der Lehrtätigkeit.
1975	Der erste Band der Gesamtausgabe wird publiziert.
1976	Heidegger stirbt am 26. Mai in Freiburg i.Br. und wird zwei Tage später in seinem Geburtsort Meßkirch beigesetzt.

Günter Figal, geb. 1949; Studium der Philosophie und der Germanistik in Heidelberg; 1976 Promotion; 1987 Habilitation; ab 1989 Professor für Philosophie an der Universität Tübingen; seit 2002 Professor für Philosophie an der Universität Freiburg. Arbeitsgebiete: Klassische Antike mit Schwerpunkt Platon, Philosophie des 19. und 20. Jahrhunderts (Nietzsche, Heidegger, Kritische Theorie). Systematische Schwerpunkte: Hermeneutik und Phänomenologie, Zeit- und Geschichtsphilosophie, Kunstphilosophie, politische Philosophie. Herausgeber des *Internationalen Jahrbuchs für Hermeneutik.*

Veröffentlichungen: Theodor W. Adorno. Das Naturschöne als spekulative Gedankenfigur (1977); Martin Heidegger. Phänomenologie der Freiheit (1988, 3. Aufl. 2000); Das Untier und die Liebe. Sieben platonische Essays (1991); als Mitherausgeber: Selbstverständnisse der Moderne. Formationen der Philosophie, Politik, Theologie und Ökonomie (1991); Für eine Philosophie von Freiheit und Streit. Politik – Ästhetik – Metaphysik (1994); als Mitherausgeber: Magie der Heiterkeit. Ernst Jünger zum Hundertsten (1995, 2. Aufl. 1995); Sokrates (1995); Nietzsche. Eine philosophische Einführung (1999); als Mitherausgeber: Hermeneutische Wege. Hans-Georg Gadamer zum Hundertsten (2000); als Herausgeber: Begegnungen mit Hans-Georg Gadamer (2000); Lebensverstricktheit und Abstandnahme. »Verhalten zu sich« im Anschluß an Heidegger, Kierkegaard und Hegel (2001); als Herausgeber: Interpretationen der Wahrheit (2002). Zahlreiche Aufsätze in Fachzeitschriften und Sammelbänden.